LA MAGIA DE LA SAL Y EL LIMÓN

400 usos para la sal y el limón

PATTY MOOSBRUGGER

RANDOM HOUSE ESPAÑOL / NUEVA YORK

Publicado por Random House Español, una división de Random House
Information Group, 280 Park Avenue, New York, New York 10017. Miembro
de Random House Company. Fue publicado por primera vez, en inglés, en
1998 y 1999 por Three Rivers Press, bajo los títulos *Solve It With Salt* y
Lemon Magic. Copyright © 1998 y 1999 Patty Moosbrugger.

Random House, Inc. Nueva York, Toronto, Londres, Sydney, Auckland.
www.randomhouse.com
RANDOM HOUSE ESPAÑOL y colofón son marcas registradas de
Random House Information Group.

Impreso en los Estados Unidos de América.
Traducido del inglés al español por Amalia Laverde de Forero. Edición a
cargo de José Lucas Badué. Producción del libro a cargo de Marina Padakis.
Diseño por Barbara Balch.

Library of Congress Cataloging-in-Publication Data
Moosbrugger, Patty.
1. Home economics. 2. Lemon. 3. Salt. 4. House cleaning
Título
TX158.M657 1999
650´.41—dc21

ISBN 0-609-81059-6
10 9 8 7 6 5 4 3 2 1
Primera Edición

A MADELINE,
MI GOTITA DE LIMÓN

AGRADECIMIENTOS

Siento una gratitud inmensa hacia Chris Hornsby, cuya asistencia y aportes ayudaron a darle forma al libro, y cuya paciencia y estímulo me ayudaron a terminarlo a tiempo.

Gracias también a Wendy Hubbert, de quien fue idea este libro, y quien tuvo suficiente fe en mí como para confiarme este proyecto.

Muchas gracias también a Mary Quiroz, quien me encontró algunas magníficas fuentes de información, y a P.J. Dempsey, quien se encargó del proyecto con gran entusiasmo, y que me ayudó, guiándome a través del proceso editorial.

NOTA DE LA AUTORA

La autora ha incluido en este libro precauciones y lineamientos generales para el uso del limón y la sal. Sin embargo, cada tela o material puede reaccionar de manera distinta a cada uso específico que aquí se indica. Por esta razón, la autora no se responsabiliza por ningún daño que sufra cualquier prenda. Se recomienda que antes de comenzar cualquier prueba se lean las indicaciones con mucha cautela.

Con respecto al uso del limón y la sal en las telas u otros materiales, se recomienda hacer primero un ensayo en algún lugar poco visible de la prenda. Si cualquiera de las surgerencias presentadas le causa alguna duda acerca de los efectos que podrán tener sobre la salud o la seguridad personal, se le recomienda que consulte primero con un médico u otro profesional apropiado.

CONTENIDO

LA MAGIA DE
LA SAL Y EL LIMÓN

EL PASADO Y EL PRESENTE DEL LIMÓN

Aunque nadie puede decir con certeza dónde y cuándo fueron descubiertos los limones, existen evidencias que esta valiosa fruta fue usada por primera vez por un pueblo de la antigüedad que habitaba el subcontinente indio dos mil años antes del nacimiento de Jesucristo.

La cuna de la civilización hindú estaba situada en un lugar que se conocía como Mohenjo-Daro, localizado en el valle del río Indo, en lo que hoy se llama Pakistán. Se cree que esta civilización altamente desarrollada ya existía 2.500 años a.C., y que sus habitantes estaban entre los primeros seres humanos que se dieron cuenta de qué eran los limones y el valor que tenían. Sabemos ésto con certeza, ya que en un sitio arqueológico situado en la región de Mohenjo-Daro se halló un arete claramente tallado con la figura de un limón. El uso exacto que le daban al limón los habitantes de esta región está velado por el misterio, y aún hoy no sabemos si este antiguo pueblo valoraba el limón por su delicado aroma, por su sabor o por sus propiedades terapéuticas. Como no se han encontrado ningunas semillas, los arqueólogos sólo pueden especular sobre cómo eran usados los limones por ese pueblo del pasado tan remoto.

A lo largo de la historia, la presencia y el uso de los limones por las más antiguas civilizaciones se presta para una amplia especulación. Por muchísimos siglos después que apareció el primer limón en la India antigua, no aparece ninguna huella de él ni en las excavaciones arqueológicas ni en los relatos históricos. Pasarán más de dos mil años después de Mohenjo-Daro antes que volveremos a encontrar nuevas evidencias de la existencia de los limones.

Después de tan larga ausencia, los limones vuelven a aparecer en Grecia durante el siglo V a.C. Para los griegos, los limones eran "las manzanas de Media" en honor al país de Media, situado en lo que hoy es el oeste de Irán. El lapso tan prolongado entre las dos apariciones del limón es sorprendente, ya que la distancia geográfica entre Mohenjo-Daro y Media no era demasaido extensa. Pero sí es fácil imaginar cómo los errantes griegos pudieron descubrir el limón. Los griegos mantenían lazos con Media debido a sus viajes al Asia Central. Allí conocieron el limón, y hasta hicieron mención de él en sus obras teatrales e investigaciones botánicas. Por ejemplo, Aristófanes, el gran escritor de comedias, escribió sobre el limón en el siglo quinto V a.C., y Teofrasto, el filósofo y botánico griego, también escribió acerca de las "manzanas de Media" unos cien años después.

La expansión de los limones hacia el oeste se da a conocer en la literatura de los romanos antiguos unas centurias más tarde. El poeta Virgilio (70—19 a.C.), quien había estudiado la literatura griega, también se refiere a los limones en su poesía como "las manzanas de Media". Los romanos reconocían los poderes medicinales de los limones. Por ejemplo, Virgilio solía decir que el limonero era el mejor antídoto para todos los tipos de venenos, y que además era uno de los productos más valiosos de Media. Varios siglos más tarde, allá por al año 300 d.C., Ateneo, un reconocido erudito y escritor de su época, habló de la creencia romana que decía que el limón era un antídoto para todos los venenos. Ateneo contó la historia de dos criminales que fueron lanzados a un hoyo lleno de serpientes venenosas. Uno de los prisioneros había comido un limón de antemano y sobrevivió a la mordedura de la serpiente, mientras que el otro hombre que no había comido limón sucumbió a la mordida, muriendo allí mismo.

Por la época del nacimiento de Jesucristo, la elusiva fruta apareció en los escritos de Ovidio, el famoso poeta romano que relató los doce trabajos del poderoso Hércules. Todo aquél que ha leído el recuento de las labores del héroe recordará que en la última de ellas, la tarea de Hércules era robar las "manzanas doradas" del Jardín de las Hespérides. Algunos dicen que las manzanas doradas de Ovidio eran limones, ya que posteroirmente algunos antiguos escritores se refirieron a los limones como "manzanas de las Hespérides". Pero aunque estos frutos fueran lo que nosotros conocemos como limones, ciertamente seguían siendo unas frutas exóticas en el mundo del Mediterráneo antiguo, aún 2.500 años después del primer encuentro humano con ellos en la India antgua. Según el cuento del duodécimo trabajo de Hércules, los limones eran tan extraordinarios que crecían en un árbol protegido por un terrible dragón. El jardín pertenecía a las Hespérides, las "hijas de la noche", que vivían cerca del Monte Atlas. Por supuesto, una historia como esta no hubiera sido inventada acerca de una fruta más común.

Aunque exótica en la época del Imperio romano, el limón era lo suficientemente conocido como para ser nombrado no sólo por Virgilio y Ateneo en sus escrituras, sino también para ser representado por pintores de paredes y artesanos de mosaicos en la ciudad de Pompeya. Además, en el siglo IV d.C., el limón empezó a aparecer en murales. Se cree que fue por ese mismo tiempo que el escritor y agricultor romano Paladio sembró el primer árbol de limón en Italia. Sin embargo, con la caída del Imperio romano a finales del siglo V, el reducido cultivo de limones que existía por toda la cuenca del Mediterráneo, vio su final.

Durante los siglos VIII y IX los árabes sembraron limoneros en el desierto del Sahara. Así fue como los limones llegaron a las manos de los moros del África septentrional, y luego, los árabes introdujeron los limoneros a Europa cuando invadieron a España en el siglo VIII. Por eso se les atribuye a los moros la creación de los limonares de Andalucía. Actualmente, estos están entre los mayores productores de limón del mundo. Los moros también invadieron a Sicilia, y con la invasión, introdujeron los limonares a esa isla mediterránea. Así fue como los limones regresaron a la península italiana después de haber desaparecido de allí siglos antes con la caída del Imperio romano.

Mientras los limones parecen haber sido cultivados con regularidad en los climas secos del África septentrional y el Cercano Oriente durante el primer milenio, habrían de pasar aún muchos años antes que fueran importados a Europa en cantidades sustanciales. Los limones no llegarían a los países del norte de Europa hasta que los cruzados los introdujeran luego de sus viajes al Cercano Oriente durante el siglo XIII. Fue durante esa época que en los mercados de París empezó a aparecer el limón importado, el cual era vendido por los *marchands d'aigrun;* los mercaderes que tenían un monopolio sobre los cítricos (*aigrun* viene de *aigre,* que quiere decir *agrio*). De hecho, los limones eran un lujo costoso fuera del alcance de las masas.

Sabemos que en 1494, César Borgia, el príncipe ítalo-español y personaje protagonista de *El príncipe* de Maquiavelo, le envió a su esposa, detenida en Francia por el rey Luis XII, una maravillosa colección de regalos que incluía naranjas y limones. Aunque los limones no eran muy conocidos en Francia en el siglo XV, Cristóbal Colón logró obtenerlos para su viaje al Nuevo Mundo en 1492.

Al llegar a la isla de La Española, compartida hoy en día entre Haití y la República Dominicana, Colón dejó semillas de limones, y de allí llegaron a la cercana Florida. Parece que estas semillas de limón tuvieron gran éxito en el Nuevo Mundo, ya que para el siguiente siglo—en el año 1579—o sea, ochenta años después de su llegada a Norteamérica, se dio una lozana cosecha de limones en San Agustín de la Florida, en lo que hoy es los Estados Unidos.

Pocos años más tarde, durante el reinado de Luis XIV (1638–1715), los limones por fin llegaron a manos de una mayor cantidad de franceses. Por ejemplo, las damas de la corte de Luis XIV solían morder de vez en cuando un limón para mantener los labios seductivamente rojos. Además, tal vez los limones les podía dar un ligero fruncimiento muy atractivo.

Mientras los limones servían para realzar el atractivo sexual de las francesas aristocráticas, los marineros del siglo XVIII también se beneficiaban de los saludables atributos de la fruta. La marina de guerra inglesa tuvo que incluir el jugo de limón entre las raciones de los marineros para combatir el escorbuto. Hacia mucho tiempo que la terrible enfermedad afectaba a los navegantes que pasaban largas temporadas en el mar, ya que no podían consumir alimentos que tenían la tan esencial vitamina C. Los síntomas del escorbuto incluían encías hinchadas, caída de los dientes, pérdida de energía y una debilidad tan profunda que conducía a los navegantes a la muerte por inanición.

Desde que empezó la Era de los Grandes Descubrimientos, el escorbuto les costó la vida a centenares de marinos. En el año 1497, durante el histórico viaje hacia la India del navegante Vasco da Gama, más de la mitad de la tripulación murió del escorbuto. Casi siempre, los viajes comenzaban temprano en la primavera, luego de largos inviernos durante los cuales la mayoría de los europeos no comían ni frutas ni vegetales. Por ello, no sorprende saber que las tripulaciones estaban casi siempre en un estado desmedrado de salud aun antes de abordar los navíos. Los largos meses en el mar, con sólo raciones de bizcochos y carnes secas para nutrirse, enseguida les producía la enfermedad, ya que de antemano padecían de deficiencia de vitamina C.

Desde el siglo V, los chinos sabían la importancia de comer frutas y vegetales frescos durante sus travesías. Luego, sus conocimientos pasaron a los neerlandeses y británicos que viajaban por el Asia. Según un relato del año 1601, la Compañía Británica de las Indias Occidentales recogía naranjas y limones en las costas de Madagascar con el solo propósito de combatir el escorbuto. Sin embargo, esta ciencia no era conocida ni aceptada por todos. Había mucha polémica sobre qué de verdad era la causa del escorbuto y cómo mejor se podía prevenir. Algunos pensaban que el mal se producía por el exceso de sal en las comidas durante las travesías. Otros que conocían los efectos preventivos de los cítricos, buscaban un remedio más barato y de mayor disponibilidad. Los médicos también creían que la malta, la col fermentada, la cidra, o los pepinillos podrían servir de substitutos. Pero como nadie sabía con certeza qué era lo que había en los cítricos que prevenía el escorbuto, no se encontraba ninguna alternativa satisfactoria. Por ende, los marineros se siguieron enfermando.

Al final del siglo XVIII, el almirantazgo británico decretó que el jugo de frutos cítricos era la única medicina apropiada para combatir la enfermedad que había sido responsable por una gran cantidad de bajas entre los marineros, aún por encima del saldo de caídos al frente de los cañones enemigos. La solución fue de añadir una medida diaria de jugo de limón al ron. Como resultado de la medida, el almirantazgo tuvo que proveer 1.600.000 de galones de jugo de limón para las raciones de los marineros entre los años 1795 y 1815. El resultado fue un desenso dramático en el número de bajas entre los marineros.

A mediados del siglo XIX, los británicos comenzaron a sustituir el jugo de limón de las islas caribeñas por el jugo de lima también conocido como el limón verde. Por eso, los marinos ingleses eran conocidos como "limeys". Desafortunadamente, las limas no podían reemplazar la cantidad de vitamina C que se encuentra en los limones; la más potente y concentrada fuente de vitamina C que existe. Por eso no cabe duda que las limas resultaron ser menos efectivas contra el escorbuto.

En el Nuevo Mundo, los sembradíos de limones de San Agustín plantados en el siglo XVI no resultaron ser lo suficiente para hacer de la Florida la región con la mayor producción de cítricos de lo que hoy es Los Estados Unidos. Los limones prosperan mejor en regiones semiáridas y tibias, con poca lluvia y baja humedad. El clima húmedo de la Florida hace que los limones sean susceptibles a enfermedades micóticas. Debido a esto se les dificultó mucho a los primeros plantadores de limón de la Florida construir y sostener la industria del limón. Cuando al final del siglo XIX la mayoría de los limonares de la Florida murieron a causa de una temporada fría, los plantadores se dieron por vencidos y abandonaron la industria. Así y todo, ahí se continuó produciendo grandes cantidades de otros cítricos, tales como las naranjas y toronjas. En los años 50, se vovlvió a introducir los limones en la Florida, pero aún hoy esa industria es pequeña. Los limones que se producen en la Florida son de baja calidad, y sólo se usan para la producción del jugo de limón y la limonada.

Los limones llegaron a lo que hoy es California con los misioneros franciscanos del siglo XVIII. No obstante el clima ideal semiárido de California, los tipos de limones que sembraron los monjes no florecieron. La escasez de limones frescos en el oeste de los Estados Unidos se volvió un problema de vida o muerte durante el período de la Fiebre del Oro en California. En 1848, más de 40.000 buscadores de oro llegaron a California como resultado del súbito hallazgo de oro en la aldea de Sutter's Mill. Debido a la gran escasez de frutas y vegetales frescos que había en California se manifestó el escorbuto entre los mineros. La situación llegó a tal extremo que la gente estaba dispuesta a pagar hasta un dólar por un solo limón para así tratar de salvarse de la espantosa enfermedad. Como consecuencia de esta situación, los granjeros se apresuraron a sembrar limoneros. Pronto aparecieron veintenas de huertos en California, los cuales sentaron la base de lo que más tarde sería una de las regiones más prósperas en la producción de limones del mundo entero.

En el año 1874, se sembró en California un tipo de limón más fuerte, conocido como el limón de Lisboa. Éste floreció y se estableció como la variedad principal de limón que se cultiva en la región interior cálida y seca de California. Y en 1878, en las zonas frescas del litoral californiano, se introdujo exitosamente la variedad "Eureka" del limón. Hoy en día se cultiva en California limones de alta calidad, y de allí proviene un tercio de la producción mundial de la fruta.

A medida que se fueron conociendo, los limones se convirtieron en productos de primera necesidad para los cocineros. Claro está que los limones son una fruta extraña, pues aunque son reconocidos como importantes debido a sus cualidades únicas, casi nunca se comen al natural. Cuando los limones aparecieron por primera vez en en París, el jugo de limón enseguida reemplazó el jugo de uvas amargas, el cual solía ser usado en las salsas que requerían un toque de acidez. Ya desde 1474, en Italia, aparece el jugo de limón en un libro de cocina. Las recetas se le sugiere al cocinero usar el jugo de limón en lugar de otras especias. El el año 1840, el limón fue uno de los primeros sabores que se utilizó para las gaseosas. Mediante siglos los limones han inspirado incontables postres y platos, ya que es el ingrediente que intensifica el sabor principal. Claro está que los postres con sabor a limón han estado de moda en los Estados Unidos a lo largo del siglo XX, y son tan populares hoy como ayer.

En los años 20, cuando los refrigeradores comenzaron a reemplazar las neveras, aparecieron muchísimas recetas nuevas y fáciles para los llamados "platos de refrigerador". En el año 1927, la compañía General Electric sacó al mercado un libro titulado *Recetas y menús para refrigeradores eléctricos*. Una de las recetas más populares del era un postre de limón llamado "torta de refrigerador" o "budín batido". La receta consistía en una capa de merengue, galletitas dulces y limón cuajado, terminada con una cubierta de crema batida y cerezas. Una vez que el pudín y las galletas se habían intercalado entre ellos en un molde, se tapaba y se ponía en el refrigerador a enfriar por doce horas.

Lo que hoy todos conocemos como "torta chiffon" o "torta de seda" causó un furor en su época. La torta fue inventada por Harry Baker, un vendedor californiano en el año 1927, pero la receta se mantuvo en secreto por muchos años. Durante su apogeo en los años 40, el postre se hizo famoso primero en Hollywood, donde el señor Baker lo preparó como una especialidad para degustar en las fiestas de las celebridades. Ya en el año 1947, Baker le vendió la receta de su postre a la compañía General Mills. Ésta logró ganancias del veinte por ciento en las ventas de la harina para tortas después de que la receta se diera a conocer públicamente. Desde un comienzo el limón era el sabor más popular para la receta de la torta chiffon. Sin embargo, la torta de chifón se podía preparar también con muchos otros sabores, desde la naranja hasta el coco.

Con el arribo de la cocina fácil y los alimentos listos para cocinar durante los años 50, el sorbete de limón se volvió popular. Una cena típica estadounidense de la década de los 50 solía consistir de varias combinaciones de vegetales congelados, zetas enlatadas, y la ubicua y esencial lata de sopa en crema, la cual se usaba para dar sabor. La forma gourmet de concluir la cena era con una copa de sorbete de limón con unas gotas de crema de menta rociadas por encima. Aunque era el licor lo que le posicionaba como gourmet, el sorbete de limón era la elección de postre más elegante que se ofrecía en las comidas y fiestas de moda durante esa década.

Las barras de limón llegaron a luz pública por primera vez en el libro de cocina de Betty Crocker en 1963. A partir de entonces se mantiene su popularidad como el postre más apetecible. Durante los años 70, todo el mundo tenía una receta de barras de limón, ya que estaban en su apogeo. Hoy en día no tiene sino que mirar en la sección de mezclas para tortas de su tienda de comestibles y encontrará una selección de mezclas empacadas para las barras de limón. Hoy en día estas mezclas les proveen a muchos cocineros en los Estados Unidos una fácil y rápida alternativa a la cocina tradicional.

¿No estarían sorprendidos los antiguos romanos al ver a lo que ha llegado su exóticos y apreciado limón?

CÓMO OBTENER EL MAYOR PROVECHO DE LOS LIMONES

Con algo de cuidado, los limones pueden dar algo más que un par de apretones. El limón nos da un sabroso jugo que se puede usar de muchas maneras. Un limón grande puede rendir hasta cuatro cucharadas de jugo y tres cucharaditas de ralladura de cáscara de limón; mucho más de lo que usa una persona corriente cuando echa un poco de limón en el té o cuando sazona los mariscos. Si conoce los trucos para exprimir los limones de forma efectiva y congelarlos de manera económica, cada limón le rendirá mucho más de lo esperado.

Los mejores limones para jugo y pulpa son los pequeños, redondos u ovalados, con cáscaras suaves y libres de manchas. Los limones grandes de cáscara tosca suelen tener poca pulpa o jugo. Se debe escoger la fruta firme, lustrosa y brillante. Siempre deberán ser de un amarillo brillante y no verdosas. Hay que tener cuidado, ya que los limones pintados de verde suelen ser más ácidos. Las frutas más pesadas, con cáscaras de grano fino, son las más jugosas. Evite los limones duros y marchitos, al igual que los esponjosos y blandos.

Si los va a usar dentro de unos días, guarde los limones a la temperatura ambiente en una canasta aireada, ya que obtendrá más jugo de un limón que no está frío. Los limones se mantendrán frescos a temperatura ambiente por más o menos una semana. Si quiere tenerlos por más tiempo, deberá refrigerarlos en una bolsa plástica, y así se mantendrán por dos o tres semanas.

Además debe saber que los limones, el jugo de limón y también la cáscara se pueden congelar. Si encuentra que sólo necesita la mitad de un limón para una receta, o si compró demasiados limones, he aquí algunos secretos para preservar esta valiosa fruta.

LIMONES EN CONSERVA

4 limones medianos
⅔ taza de sal cosher
1 cucharada de pimienta negra en grano (opcional)
o una astilla de canela (opcional)
½ taza de jugo fresco de limón
Agua

Se pueden usar los limones en conserva de diversas maneras—en salsa, guacamole, cebiche, arroz, sopas, ensaladas o en platos de carne cocida al horno o guisada, especialmente el cordero o pollo. Si los taja en tiras, los limones son un excelente complemento para los "Bloody Marys" y los "Martinis".

Corte los limones a lo largo y en cuartos. En un tazón grande, revuelva los limones y la sal, agitándolos juntos hasta cubrirlos completamente. Ponga por capas los limones la pimienta en grano o las astillas de canela (si desea) y la sal, en un jarro de litro y medio de vidrio o barro.

A medida que añade los limones, use una cuchara grande para presionarlos un poco y asi hacer que suelten el jugo. Agregue el jugo de limón y sólo la cantidad necesaria de agua para cubrir los limones. Selle

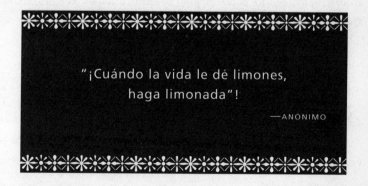

"¡Cuándo la vida le dé limones,
haga limonada"!

—ANÓNIMO

el jarro con firmeza y ponlo en el refrigerador, sin abrir, por una o dos semanas, sacudiéndolo diariamente. Después que pase un tiempo, los limones se podrán mantener en el refrigerador por meses.

Para usar, restriegue y enjuague la sal del limón, raspe y descarte la pulpa y las pepas. Corte o taje la cáscara como lo desee.

CUÑAS DE LIMÓN CONGELADAS

Se pude cortar medio limón extra, o hasta un limón completo, en cuñas, y congelarlas envueltas individualmente en plástico. Son maravillosas para tenerlas a mano cuando se necesita solo una tajada para una taza de té caliente. Ni siquiera necesita descongelarla antes de usarla en su té, simplemente déjela caer dentro de la bebida caliente.

PARA MANTENER FRESCO EL JUGO DE LIMÓN

Se puede exprimir todo el jugo de uno o varios limones y congelarlo en un pequeño recipiente plástico o en cubetas para hielo. Los cubos de jugo de limón son un complemento maravilloso para el té helado del verano. A más de agregarle el delicioso sabor del limón, esto mantiene la bebida fría por más tiempo, sin aguarla como sucedería con cubos de hielo. Una vez que los cubos de jugo de limón estén listos, simplemente transfiéralos a una bolsa plástica y déjelos en el congelador para ser usados en cualquier momento.

CÓMO CONSERVAR LOS LIMONES EN AGUA FRESCA

Si no puede usar sus limones muy pronto, pero no quiere congelarlos, puede ponerlos en un jarro hermético lleno de agua, para que se conserven frescos más tiempo. Una vez que haya puesto los limones en el jarro, ponga éste en el refrigerador para usarlos después. Los limones se conservan así hasta por un mes.

CÓMO HACER RALLADURA DE CÁSCARA DE LIMÓN

Para sacar la corteza de los limones, siempre se puede comprar un pequeño instrumento conocido como mondador o descortezador de limones, cuya única función es la de separar la cáscara, o puede simplemente usar un mondador de vegetales para sacar las tiras de corteza. Cuando vaya a trabajar, asegúrese de limpiar bien los limones antes de comenzar para quitar todos los restos de fertilizantes químicos de la corteza. Después raspe la porción externa de la corteza—la cáscara—teniendo mucho cuidado de raspar solamente la parte externa. Si quita la medula (la parte blanca) al tiempo con la corteza, se volverá amargo y dañará el sabor de la ralladura. Una vez removida la cáscara, pique finamente.

PARA CONSERVAR LA RALLADURA DE CÁSCARA DE LIMÓN

La ralladura de cáscara de limón se puede preservar satisfactoriamente si se seca o si se congela. Par secarla para un uso posterior, tome tiritas de cáscara finamente cortadas y séquelas extendidas en una sola capa a temperatura ambiente por una noche o hasta que estén completamente secas. Si no tiene tiempo ponga la ralladura de limón en un molde sin engrasar y hornéelo a 200°F por aproximadamente 20 minutos, revolviendo ocasionalmente. Deje enfriar completamente antes de guardarla en un recipiente hermético a temperatura ambiente.

Si quiere almacenar su ralladura de limón en el congelador, envuélvala en plástico o papel de aluminio y colóquela allí. Si planea hacer recetas que necesitan las dos cosas, cáscara y jugo, mezcle las proporciones apropiadas de los dos y después congele.

PARA HACER RALLADURA GRANULADA
DE CÁSCARA DE LIMÓN

La cáscara de limón se pude endulzar y convertir en ralladura granulada, para ser usada en toda clase de platos. Combinando la cáscara (solo la parte amarilla) de 1 solo limón con 1 o 2 cucharadas de azúcar granulada en un procesador de alimentos que tenga una cuchilla de metal, se puede hacer la ralladura granulada de limón. Combine los ingredientes y procese hasta que la mezcla quede granulada; use la corteza azucarada en todo, desde el té hasta los postres.

CÓMO INCREMENTAR LA CANTIDAD
DE JUGO DE LIMÓN

Para sacar la mayor cantidad de jugo a un limón, éste debe estar a temperatura ambiente o más cálido. Si es necesario, póngalo en agua caliente o en el horno en bajo por unos pocos minutos para que se tibie, o en el horno microondas por 30 segundos. Después, ruédelo firmemente contra el mesón de su cocina con la palma de la mano, hasta que se sienta suave.

Otra forma de incrementar la cantidad de jugo es pinchar la cáscara en varios lugares (sin penetrar la pulpa) y poner en el microondas en alto por 10 a 20 segundos. Después, deje reposar el limón 1 minuto antes de rodarlo contra el mesón de su cocina y luego exprímalo.

PARA MANTENER LOS LIMONES JUGOSOS
PARA MÁS TARDE

Si tiene una receta que necesita solo un poco de jugo de limón y no quiere cortarlo completo y perder el resto, sería sabio pinchar el limón con un tenedor y exprimir tan solo el jugo necesario. Luego, guarde el limón en una bolsa plástica para usarlo posteriormente. También se puede picar el limón con varios palillos en diferentes lugares, exprimir lo deseado y dejar los palillos en su lugar para que sirvan como tapones, y el jugo restante no se seque mientras permanece en el refrigerador.

CÓMO REVIVIR LOS LIMONES RESECOS

Si encuentra que los limones se han endurecido por estar viejos, se pueden revivir fácilmente. Simplemente tome los limones duros y póngalos en una olla con agua hirviendo que apenas los cubra. Retire la olla del fuego y deje que los limones reposen unos momentos antes de usarlos.

LOS LIMONES: SUS USOS ALTERNATIVOS EN LA CASA

H ay un refrán popular entre los de habla inglesa que dice: "Cuándo la vida te da limones, haz limonada".

Por supuesto, como se presentan las cosas, no es la limonada lo único que se puede hacer con los limones. Si la vida le da limones, uno puede hacer una miríada de productos, desde blanqueador de uñas, hasta laca para el pelo; desde extintor de pulgas, hasta limpiador de bronce. Los limones sirven no sólo para darle sabor a la sopa o para reemplazar la sal, sino también para limpiar el baño y para la diversión de los niños. Además, los limones son una alternativa segura para algunos productos de limpieza de casa que suelen ser tóxicos, y son un substituto natural para todas clases de medicinas, tales como los jarabes para la tos y los analgésicos cardíacos. También puede ser un reemplazo para un ingrediente que falta cuando esté batiendo una tanda de masa para galletas. La ralladura del limón reemplaza el extracto de vainilla en caso de necesidad.

Ya que nos encontramos cada vez más rodeados de productos caseros toxicos y distintos limpiadores y específicos para cada cosa— desde el cuero hasta el metal—es bueno saber que podemos lograr las mismas cosas con tan sólo distintas mezclas de ingredientes caseros y limones. Difícilmente se encuentra una esencia tan fresca y con un olor más limpio que el del limón, y no se necesita comprar productos procesados químicamente para obtenerla. Cabe señalar que la mayoría de los productos que dicen tener esencia de limón realmente no tienen nada de él, sino una combinación de químicos que crean el olor artificialmente.

También el limón es un substituto maravilloso para muchos productos especializados en la belleza y salud que encontramos en las estanterías de las farmacias. ¿Quién no preferiría darle a un hijo una mezcla de limón y miel si sabe que da los mismos resultados que un costoso jarabe para la tos?

Por lo tanto, cuando necesite un limpiador especial o algún producto de belleza o salud, o aún más cuando necesite un limpiador fuerte para el mesón de su cocina o las superficies de sus baños, lo más probable sea que no necesita mirar más allá del frutero de la cocina o en el cajón de frutas del refrigerador. Si tiene algunos limones a mano, podrán darle el toque mágico que está buscando.

SABROSAS TARTAS Y PASTELES DE LIMÓN

Si desea agregar sabor a sus tartas o pasteles de limón, ensaye frotando 1 cubo de azúcar sobre la corteza de un limón. El cubo de azúcar extraerá los aceites del limón que luego se liberarán durante el proceso de cocción. Este truco sirve también para las naranjas.

LIMPIADOR PARA UTENSILIOS DE COCINA DE ALUMINIO

El jugo de limón se puede usar efectivamente para quitar la decoloración interior que estropea la superficie de sus utensilios de cocina. Esto se puede lograr llenando la olla descolorida con agua y jugo de limón. Añade 1 cucharada de jugo de limón por litro de agua y hierva a fuego lento hasta que la decoloración se desaparezca. Termine por restregar con una esponjilla de acero.

LIMPIADOR PARA LAS MANOS MANCHADAS DE BAYAS

El jugo de limón fácilmente quita las manchas difíciles de bayas y de otras frutas. Simplemente frote 1 o 2 cucharaditas de jugo de limón en el área manchada de sus manos y termine lavándoselas como siempre.

LIMPIADOR PARA EL MESÓN DE LA COCINA

El jugo de limón es realmente una gran ayuda en la limpieza de toda clase de manchas sobre las superficies de los anaqueles y del mesón de su cocina. Aplique el jugo de limón sobre el área de su mesón y sobre el frente de los anaqueles, y déjelo empapar las superficies por una media hora. Luego, rocíe bicarbonato de soda en un trapo y limpie suavemente las áreas afectadas. Verá que las manchas se desaparecen, y además, la cocina olerá de maravillas.

LIMPIADOR PARA LA JARRA DEL CAFÉ

Meseros y meseras han usado por largo tiempo el limón para quitar con presteza el residuo quemado del café del fondo de las jarras. Simplemente llene la cafetera con 2 cucharadas de sal, suficiente hielo para cubrir el fondo de la jarra, el jugo de 1 limón partido, y los gajos del limón exprimido también, Gire el contenido de la jarra de forma circular hasta que las marcas se desprendan de la superficie de vidrio. Este método funciona increíblemente bien para quitar hasta las manchas más difíciles del café en un tiempo increíblemente corto. Termine su labor lavando la jarra como siempre, con detergente para loza y agua tibia.

DESODORIZANTE PARA EL REPOLLO COCIDO

La col, o repollo, es un comida muy sana, pero puede hacer de la cocina un sitio muy oloroso mientras la prepara. El limón puede ayudar a eliminar el dor mientras cocina la col, y al mismo tiempo, le mejora su sabor. Solamente ponga ½ limón dentro del agua donde hierve el repollo y verá que esto evita que el olor se esparza por la cocina. Es importante saber que cocinar el repollo más de lo necesario hace que el olor sea más penetrante y que el contenido nutricional se pierda.

DESODORIZANTE PARA EL POLLO FRESCO

Para aquellos a quienes les desagrada el olor a pollo, pato, ganso, o cualquier otra ave cruda, el limón funciona bien para refrescar estas aves. Masajee el ave desplumada con el jugo de ½ limón y ¼ cucharadita de sal. Esto eliminará el olor del ave cruda y mejorará el sabor de la piel cuando haya sido cocinada.

CÓMO MEDIR LA FRESCURA DEL BICARBONATO DE SODA

El bicarbonato de soda puede obrar toda clase de maravillas, pero sólo si está fresco. Si duda de la frescura de su bicarbonato de soda, el limón puede determinar rápidamente si aún está bueno. Sólo añada 1 cucharadita de jugo de limón a 1 pizca de bicarbonato de soda. Si hace burbujas, está todavía bueno y funcionará bien como agente desodorizante y de limpieza. Si no burbujea después de agregarle el jugo del limón, es tiempo de cambiarlo.

CÓMO CORTAR LAS FRUTAS SECAS SIN DIFICULTAD

Si necesita cortar frutas secas y encuentra que el cuchillo se les pega, use el truco de unas gotas de jugo de limón para hacerle la tarea más fácil. Antes de comenzar a cortar las frutas, salpique 1 gota de jugo de limón sobre el cuchillo y así se deslice suavemente.

QUITAMANCHAS PARA LA TABLA DE PICAR

El limón ayuda a restaurar las tablas de picar a su color original, quitando todo tipo de manchas, desde las manchas de grasa hasta las de los vegetales y las frutas. Simplemente frote la tabla con jugo de limón hasta que las manchas se desaparezcan. La tabla le quedará muy limpia y olerá mejor.

PARA DARLE MÁS SABOR AL PESCADO

Frotar jugo de limón al pescado antes de cocinarlo hace que el sabor sea mejor, y que también mantenga su color. Exprima el jugo de 1 limón sobre toda la superficie del pescado justo antes de cocinarlo. Si va a poner el pescado envuelto en papel de aluminio o en una bandeja con tapa, añada tajadas de limón y hierbas frescas o cualquier otra sazón antes de asar para así mejorar el sabor del pescado al horno.

CÓMO AFIRMAR EL MARISCO ESCALFADO

Si prefiere el pescado y otras mariscos de mar escalfados, la adición de unas gotas de jugo de limón al líquido donde se cuecen ayudará a mantener la consistencia original del pescado fresco mientras que se cocina y dará como resultado un plato más firme y de un color más blanco, o más rosado en el caso del salmón. Adicione al líquido de cocción el jugo de ½ limón por libra de pescado antes de comenzar a cocinar.

PASTELERÍA MÁS CRUJIENTE Y FINA

Los cocineros difieren en lo que piensan acerca de adicionar jugo de limón a sus pastas para que tengan un terminado más crujiente y fino, pero todos están de acuerdo al decir que el limón es indispensable para las cortezas de las tartas y otras pastas. Puede ensayar cualquiera de éstas propuestas y quedarse con la que más le guste:

Substituya 1 cucharada de jugo de limón bien frío por 1 cucharada de agua helada, o adicione 1 cucharada de leche en polvo a la harina y use agua helada y 1 toque de jugo de limón, o, adicione 1 cucharada de jugo de limón a la masa.

PARA QUE EL ARROZ SEA MÁS ESPONJOSO

Para un arroz más esponjoso, añada 1 cucharadita de jugo de limón por cada litro de agua antes de cocinar el arroz. El jugo del limón también no deja que el arroz se pegue. Además, le da un sabor que es un buen complemento para muchos otros platos.

REFRESCANTE PARA EL TRITURADOR DE BASURA

Las propiedades naturales desodorizantes de los limones se pueden usar aún después de haberles exprimido todo el jugo. Una buena forma de deshacerse del bagazo del limón y al mismo tiempo mejorar el olor del triturador de basuras es usar los sobrantes del limón como limpiadores del triturador. Ponga cubos de hielo y el bagazo del limón en el triturador y muélalo todo junto. A la par que se refresca el dispositivo, el hielo limpia y afila las cuchillas.

SUGERENCIAS PARA HACER CONSERVAS

Añada el jugo de un limón a casi todas las conservas y jaleas que prepare mientras se cocinan. El jugo de limón ayuda a mantener el color original de las frutas, mejora su apariencia y hace que sus compotas y jaleas preferidas cuajen más pronto.

EVITE QUE LAS REMOLACHAS SE DESTIÑAN

Si encuentra que sus remolachas pierden el color cuando se cocinan, Añádale un poquito de jugo de limón al agua en la que las va a hervir.

Verá que las remolachas mantendrán su color magenta brillante original a lo largo de todo el proceso de cocción.

PARA QUE NO SE ROMPAN
LAS CÁSCARAS DE LOS HUEVOS

El limón puede ayudar a que los huevos cocidos no se rompan durante el proceso de cocción. Frote la cáscara del huevo con la parte interna de ½ limón cortado antes de hervir.

CÓMO QUITAR EL OLOR A CEBOLLA
Y AJO DE LAS MANOS

El limón sirve para quitar de las manos los olores que permanecen en ellas después de manipular comidas que son difíciles de quitar, como los del ajo y la cebolla. Frótese las manos con ½ limón cortado o con el jugo de un limón, y asegúrese de que penetre por debajo de las uñas y alrededor de las cutículas. Enseguida enjuáguese las manos con agua.

REMEDIO PARA EL ALIENTO A AJO

Si le gusta la comida italiana o cualquier otra cocina que usa grand cantidad, y encuentra que el sabor se le queda en la boca por demasiado tiempo, use el limón—con un poco de especias—como refrescante natural para el aliento. Solo rompa 1 o 2 clavos de olor dentro de una bebida de limón caliente y enjuáguese la boca antes de tragarse la bebida.

CÓMO PELAR LOS HUEVOS DUROS SIN DIFICULTAD

Añade el jugo de 1 limón ó 1 casco de limón al agua en la que va a hervir los huevos. La cáscara de los huevos saldrá más fácilmente.

PARA PREVENIR QUE LA FRUTA CORTADA
SE OSCUREZCA

Cuando se prepara de antemano la fruta para una ensalada o para cualquier otro propósito, añádale el jugo de limón inmediatamente después de cortarla para que no se oscurezca. El jugo de ½ limón debe ser lo suficiente para 1 ó 2 litros de fruta cortada. Si quiere usar tan sólo medio aguacate, pera, manzana, banana, o cualquier otra fruta fresca, frote 1 casco o el jugo de 1 limón sobre la mitad sobrante inmediatamente después de cortarla. Luego, cúbrala y ponla en el refrigerador.

CÓMO CONSERVAR EL VERDOR DEL GUACAMOLE

La próxima vez que esté planeando una fiesta mexicana y quiera adelantar la preparación del guacamole, pero le preocupa que vaya a tomar un color desagradable antes de servirlo, no olvide de tener el jugo de limón a la mano. Luego de preparar el guacamole, rocíele por encima suficiente jugo de limón de manera que cubra toda la superficie de forma ligera. Como resultado, el verde vibrante del aguacate se mantendrá por mucho más tiempo.

PARA CONSERVAR EL COLOR BLANCO Y LA
FIRMEZA DE LAS ZETAS MIENTRAS SE SALTEAN

Para mantener las zetas blancas y firmes mientras se saltean, añade una cucharadita de jugo de limón por cada cuatro onzas de mantequilla. En la medida en que no recocine las zetas, habrá menos posibilidades de que se encojan o se oscurezcan.

PARA CONSERVAR EL COLOR AMARILLO DEL MAÍZ

Para mantener amarillo el maíz, añada 1 cucharadita de jugo de limón al agua en la que lo cocina aproximadamente 1 minuto antes de retirarlo de la candela. Esto ayudará también a mantener el maíz firme y así evitará que se ablande.

CÓMO MANTENER EL COLOR BLANCO DE LOS VEGETALES BLANCOS

El jugo de limón hace que las coliflores, las papas, los rábanos blancos, el colirrábano, y cualquier otro de este tipo de vegetal se mantenga blanco aún después de haber sido cocinados. Añada 1 cucharadita de jugo de limón al agua de la cocción de la coliflor, las papas, o cualquier otro vegetal blanco para preservar su color.

SECRETOS PARA MANTENER LAS VERDURAS MÁS FRESCAS

El limón ayuda a mantener más fresca y crocante la espinaca, la mostaza, la col rizada, o cualquier otro tipo de verdura. Añada unas gotas de limón al agua en la que va a lavar las verduras. Le quedarán crocantes, y al lavarlas, así quitará la tierra, arena, y los insectos y babosas que suelen esconderse en las hojas.

LIMPIADOR PARA EL HORNO MICROONDAS

Si encuentra que los olores del horno microondas no desaparecen después de una limpieza profunda con agua y jabón, use el limón. Añada el jugo de ½ limón a 1 taza de agua y caliéntelo en el horno microondas por 1 minuto en alto. Luego mantenga la puerta del horno cerrada por algunos minutos más. Termine por secar el interior. Los olores que permanecían habrán desaparecido.

CÓMO QUITAR LAS MANCHAS DE CAZUELAS ANTIADHERENTES (*TEFLÓN*)

Los utensilios de cocina antiadherentes son un gran invento, pero la naturaleza delicada de sus superficies hace que sean difíciles de limpiar, ya que no se puede usar ni esponjillas ni limpiadores abrasivos. Si tiene una mancha difícil de sacar, use 2 ó 3 cucharadas de bicarbonato de soda, mezclado con suficiente agua para que cubra la superficie del utensilio, y añada 1 tajada de limón. Hierva a fuego lento hasta que la mancha se desaparezca. Tenga cuidado de no dejar que el líquido se evapore.

PARA REVITALIZAR LOS VEGETALES VERDES

Es realmente sorprendente como al añadir un poquito de jugo de limón al agua fresca se puede revitalizar los vegetales que parecían listos para ir a la basura en lugar de a la mesa. Añada 1 cucharadita de jugo de limón a cada 2 litros de agua fría, y luego eche los vegetales. Los que tengan tallos, tales como el brócoli y los espárragos, deberán cortarse en la base. Otros, como los pimientos verdes, deberán ser cortados o picados para ofrecer la mayoría de su superficie antes de introducirlos en

En un huerto, el árbol promedio produce 1.500 limones por año.

el agua fría. Usualmente toma entre media y una hora para que los vegetales marchitos se aviven.

PARA HACER HUEVOS ESCALFADOS PERFECTOS

Si añade un poco de jugo de limón al agua en la que va a escalfar los huevos, les ayudará a no romperse durante la cocción, y los mantendrá firmes y muy blancos. Sólo añada unas gotas de jugo de limón al agua en la que los escalfará antes de hervir a fuego lento. Asegúrese que el agua esté hirviendo suavemente antes de añadir los huevos.

CÓMO EVITAR QUE LAS MANZANAS PELADAS SE PONGAN PRIETAS

Las manzanas están dentro del grupo de las frutas que se ponen prietas más rápidamente después de pelarlas, pero los limones pueden hacer que se vean y sepan frescas después de pelarlas. A medida que las monda, colóquelas en un recipiente con agua fría que contenga unas pocas gotas de jugo de limón. Si piensa comerse sólo la mitad de la manzana, restriegue 1 casco de limón ó 1 pequeña porción de su jugo sobre la parte que va a guardar.

CÓMO EVITAR QUE EL APIO CAMBIE DE COLOR

El color verde brillante del apio fresco se puede preservar con la adición de unas gotas de jugo de limón. Para evitar que el apio se ponga prieto, remójelo en agua fría con unas gotas de jugo de limón (1 cucharadita de jugo de limón por cada litro) antes de guardarlo en el refrigerador. Para que quede crocante después de haber permanecido refrigerado por algún tiempo, siga los mismos pasos anteriores antes de servirlo.

PARA QUITAR EL OLOR A PESCADO
DE LAS MANOS

El limón no sólo le da un maravilloso sabor al pescado y a otros frutos del mar, sino que también ayuda al cocinero a eliminar los olores a pescado que permanecen en las manos después de haberlo cocinado. Después de haber preparado su plato de pescado favorito, sólo necesita restegarse las manos con 1 trozo de limón untado con sal de mesa y enjuagárselas con agua. Como resultado, las manos se le quedarán no sólo más limpias, sino que olerán mejor.

CUBIERTAS SUAVES PARA LA REPOSTERÍA

Si la receta para tortas requiere de una cubierta que necesita cocinarse, encontrará que es difícil evitar que se vuelva granulosa. Se puede evitar utilizando el jugo del limón. Añada de ¼ a ½ cucharadita de jugo de limón a la cubierta que usaría para una torta normal.

PARA REVITALIZAR LA LECHUGA MARCHITA

La lechuga es uno de esos vegetales que se puede "levantar de entre los muertos" usando un poquito de jugo de limón y agua fría. Añada 1 cucharada de jugo de limón a un tazón con agua fría, y remoje allí la lechuga por media a 1 hora dentro del refrigerador.

COMO SUBSTITUTO PARA LA CREMA AGRIA

Si no tiene tiempo para ir al mercado a comprar crema agria, pero tiene en casa crema batida y limón, se sorprenderá al ver como la combinación de estos dos ingredientes se convierte en un excelente substituto para la crema agria. Simplemente añada de 3 a 4 gotas de limón puro a cada ¾ taza de crema batida, y luego deje la mezcla reposar a temperatura ambiente por 30 a 40 minutos.

PARA GUISAR LOS POLLOS TIERNOS

El limón no sólo le da un excelente sabor al pollo y otras ave de corral, sino que también ayuda a ablandarlas mientras se cocinan. Si planea guisar pollo o cualquier otra ave, tan sólo añada 1 limón troceado a la olla antes de comenzar a cocinar.

CÓMO SUAVIZAR EL PESCADO

Para la excelencia al cocinar frutos de mar, marine su pescado en ¼ taza de jugo de limón por cada libra de filete, 20 minutos antes de cocinar. Esto hará el pescado tierno, prevendrá la resequedad, y le dará un gran sabor a su plato favorito de frutos del mar.

CÓMO ABLANDAR LAS CARNES

El limón es un ablandador natural de carnes. Antes de cocinarlas, marínelas en jugo de limón por varias horas dentro del refrigerador. Use ¼ taza de jugo de limón por cada libra de carne.

California produce casi una tercera parte de todos los limones del mundo.

CÓMO ADELGAZAR EL GLASEADO

Si está terminando un ponqué con cubierta glaseada y encuentra que se está poniendo muy gruesa, puede usar limón para adelgazarla y para mejorar la textura y la consistencia del glaseado. Solo adicione cada vez unas pocas gotas de jugo de limón y continúe mezclando hasta que alcance el espesor y la consistencia deseados.

PARA HACER CREMA BATIDA

Si su batidora eléctrica está dañada y necesita crema batida, tendrá que hacerla a la antigua. El limón le hará la tarea más sencilla, reduciendo el tiempo que se necesita para batir crema espesa. Tan sólo añada de 6 a 8 gotas de jugo de limón a cada pinta de crema espesa. Le rendirá aproximadamente 2 tazas de crema batida.

COMO SUBSTITUTO PARA LA CREMA BATIDA

Puede usarse la leche evaporada como substituto para la crema batida si pone primero el tarro de leche en el congelador hasta que esté casi congelado, entonces viértalo en un tazón previamente enfriado y adicione 1 cucharada de jugo de limón y ⅔ taza de leche. Esta combi-

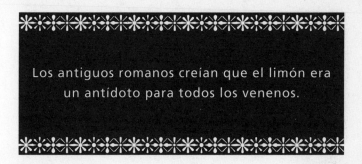

Los antiguos romanos creían que el limón era un antídoto para todos los venenos.

nación de ingredientes crecerá agradablemente—y también tendrá algunas calorías menos que en la receta original.

PARA QUITAR LOS OLORES DE LOS UTENSILIOS
DE MADERA

Los tazones, cucharas, utensilios para ensaladas y las tablas de picar tienen la tendencia a recoger y retener los olores acres de comidas como el ajo y la cebolla. Haga desaparecer los olores de éstos utensilios de madera de su cocina, frotando las superficies con ½ limón cortado. Deje secar el limón antes de lavarlas de la forma usual.

MANCHAS DE BAYAS EN LAS PRENDAS DE LAVAR

La mancha oscura de las bayas casi siempre indica que ha perdido su blusa favorita o cualquier otra prenda. Lo más pronto posible después de manchado, lave con jugo de limón y esponja, o restriegue la mancha con un limón recién cortado. Enjuague con agua, exprima a fondo, y déjelo secar al aire. Si la mancha permanece, agregue unas gotas de vinagre a una esponja y golpee a medida que restriega si el material lo permite. Aplique una solución de prelavado y lave en agua tibia. Si la mancha aún se mantiene, remoje en detergente por un periodo de 30 minutos a 1 hora, y lave de nuevo.

CÓMO QUITAR LAS MANCHAS DE TINTA

El jugo de limón combinado con crémor tártaro puede usarse efectivamente para quitar las manchas de tinta en las telas que han sido manchadas por la tinta de los bolígrafos. Ponga una cantidad suficiente de crémor tártaro sobre la mancha, de manera que la cubra, y luego rocíe jugo de limón sobre ella. Frote la mezcla sobre la mancha por unos minutos y luego remueva el polvo con un cepillo limpio; inmediatamente lave con agua tibia. Si es necesario, repita éstos pasos.

PARA QUITAR LAS HILACHAS

Las hilachas pueden desmejorar la apariencia de la ropa recién lavada. Para remediar esto, añada ¼ taza de jugo de limón al agua del ciclo de lavado. Esto evitará que las hilachas se peguen a la ropa blanca o de color.

COMO UN PRELAVADO

La combinación de jugo de limón con bicarbonato de soda puede ser una solución natural, efectiva y segura para el tratamiento de prelavado de las prendas. Tan sólo mezcle cantidades iguales de jugo de limón y de bicarbonato de soda, formando una pasta. Aplíquela sobre las manchas difíciles, restregando la superficie sucia, y luego lave como de costumbre.

COMO UN BLANQUEADOR SUAVE

Si quiere evitar el uso de blanqueadores químicos fuertes, pero necesita de todas maneras algo adicional para sacar las manchas difíciles, ensaye el jugo de limón combinado con bicarbonato de soda. El resultado de la combinación es un blanqueador suave, natural y seguro que podrá usarse en el lavado de las prendas delicadas. Añada ¼ taza de jugo de limón y ¼ taza de bicarbonato de soda al agua del ciclo de lavado, y luego continúe como de costumbre.

PARA QUITAR EL MOHO EN LAS TELAS

Si le ha salido moho a las prendas o a cualquier otra cosa hecha de tela, el jugo de limón le ayudará a solucionar el problema. Tan sólo sature el área enmohecida con jugo de limón y luego frote sal de mesa por encima. Después, deje la prenda en el sol por varias horas, y termine lavando y secando como acostumbra.

CÓMO RESTAURAR LA BLANCURA O LOS COLORES CLAROS DE LAS PRENDAS MANCHADAS

Extienda en el pasto o sobre una mesa exterior los elementos lavados aún húmedos sobre una sábana vieja. Déjelos orear todo el día. Si las manchas no se van, remójelas con jugo de limón, voltee las prendas hacia el otro lado y déjelas afuera toda la noche para que cojan el rocío.

COMO BLANQUEADOR DE TELAS

El jugo de limón es un excelente substituto para el detergente. Además, es completamente seguro, no es tóxico, y también huele muy bien. Sólo añada ¼ taza de jugo de limón al agua del ciclo de lavado, y luego lave y enjuague como acostumbra. Termine permitiendo que las prendas lavadas se sequen al sol y al aire. Verá que el resultado será una ropa más brillante y con un olor más fresco.

PARA QUITAR LAS MANCHAS DE ÓXIDO

Es realmente decepcionante encontrar manchas de óxido en la ropa de lavar, pero el jugo de limón ayuda a sacar ese tipo de mancha. Cubra la superficie manchada con sal y exprima el limón sobre ella. Déjelo así por 1 hora. Quite la sal con un cepillo, lave y seque como acostumbra.

PARA QUITAR QUEMADURAS DE TELAS QUE SE PUEDEN LAVAR

Si tiene marcas de quemadura sobre una tela todavía intacta, ensaye el uso del jugo de limón para quitar la mancha de la parte chamuscada. Restriegue 1 limón cortado sobre la quemadura, dejando sobre la tela la mayor cantidad posible de jugo y de medula; o sea, la parte blanca que está debajo de la cáscara. Deje la tela secar al sol, y luego lave y seque como de costumbre.

COMO BLANQUEADOR DE CALCETINES PERCUDIDOS

Para renovar los calcetines y medias percudidas y viejas, use el jugo del limón para darles una apariencia nueva y brillante. Hierva agua en una olla, añada 2 tajadas de limón ó ½ cucharadita de jugo de limón y remoje allí las medias por 10 minutos. Luego, lave como siempre. El jugo de limón es un blanqueador y detergente suave y anticuado, pero efectivo y seguro. Sus propiedades blanqueadoras pueden ser reforzadas si la prenda se seca al sol y al aire.

COMO BLANQUEADOR DE ZAPATOS DEPORTIVOS

Podemos darles una apariencia nueva y brillante a esos zapatos deportivos de lona, vinilo o gamuza usando el jugo del limón. Para blanquear los zapatos deportivos de manera que alcancen el tono "ultra blanco", añada jugo de limón al agua del enjuague, si están siendo lavados en lavadora. Si no se pueden lavar así, restriegue un limón cortado sobre ellos y déjelos secar al sol y al aire hasta que estén blancos de nuevo.

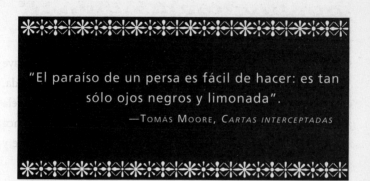

"El paraíso de un persa es fácil de hacer: es tan
sólo ojos negros y limonada".

—Tomás Moore, *Cartas interceptadas*

AMBIENTADOR

Toda clase de olores indeseables pueden ser minimizados o erradicados usando la frescura natural del limón para mejorar la calidad del aire en la casa u oficina. Para hacer un ambientador, con limones hierva en 2 ó 3 tazas de agua 1 ó 2 limones partidos y vierta el líquido en tazones distribuidos por toda la casa. Otra forma para refrescar el aire con limones es disolviendo en 2 tazas de agua caliente 1 cucharadita de jugo de limón y 1 cucharadita de bicarbonato de soda. Vierta la mezcla en un frasco con atomizador y rocíe toda la casa como lo haría con un aerosol. Este ambientador está completamente libre de químicos y garantiza que no daña la capa de ozono ni el medio ambiente.

LIMPIADOR MULTIUSOS

Este es un limpiador natural, realmente efectivo, y de bajo costo que puede ser usado en todas las tareas diarias de limpieza casera. Se puede hacer combinando 2 cucharadas de jugo de limón, 1 cucharadita de bórax, ½ cucharadita de soda de lavado, de ¼ a ½ cucharadita de jabón líquido, y 2 tazas de agua hirviendo en una botella con rociador. Sacuda suavemente la mezcla hasta que todos los ingredientes se disuelvan, y luego aplique a las superficies sucias o manchadas de la cocina, baño, o cualquier otro sitio de la casa donde aplicaría un atomizador de limpieza convencional.

LUSTRADOR DE COBRE

Se puede restaurar el brillo o lustre original del cobre al quitar la pátina verde que lo cubre cuando se oxida. Corte un limón a la mitad, rocíelo con un poquito de sal, y luego úselo para frotar los elementos de cobre y lustrar las superficies opacas. Enjuague con agua y seque con un trapo suave antes de pulir para restaurar el brillo original.

LUSTRADOR DE ACERO INOXIDABLE

Las manchas que opacan el acero inoxidable del fregadero de la cocina se pueden quitar usando ½ limón rociado con un poquito de sal. Aplíquele la combinación al fregadero, restregando las manchas hasta que desaparezcan las decoloraciones de la superficie, y continúe lustrando hasta restaurar el brillo original. Este tratamiento también obra maravillas en cualquier otro implemento de acero inoxidable que necesite limpieza en la casa o el garaje.

LUSTRADOR DE BRONCE

Usando una combinación de limones con sal se puede restaurar el brillo de los candeleros favoritos, implementos de la chimenea, perillas de las puertas, y pasamanos. Tan sólo sumerja el lado cortado de 1 limón en sal y frótelo en la superficie del bronce. Enseguida, enjuague con agua fría y pula con un trapo suave. Finalmente, puede recubrir la superficie brillante con cera de silicona automotriz para conservar el brillo.

LUSTRADOR DE CROMO

Si el automóvil de turismo, la bicicleta, o cualquier otra cosa que tenga gran cantidad de cromo necesita una pulida, use el limón para lograr que la aleación vuelva a tomar su brillo original. Frote las partes de cromo con la cáscara de 1 limón, enjuague, seque, y luego pula hasta que brille.

LIMPIADOR DE CRISTAL

Puede lavar sin temor la vajilla de cristal heredada usando el limón. Se dará cuenta que las manchas de agua y otras se desaparecen fácilmente si restriega, con suavidad, contra el cristal la superficie cortada de ½ limón. Luego, frote el cristal con un trapo suave y húmedo, y termine secando con cuidado con otro trapo suave.

LIMPIADOR DE JARRONES

Se les puede quitar las manchas a los jarrones de vidrio o cerámica que están manchados en su interior usando la siguiente combinación: jugo de limón, té negro y agua. Tome 2 tazas de agua caliente y sumérjales 2 bolsas de té. Déjelas que suelten hasta que esté oscuro y fuerte. Deje enfriar el té y añádale ½ taza de jugo de limón. Vacíe el líquido en el interior del jarrón. Permita que repose dentro del vaso por un par de horas. Luego, restriegue con una escobilla larga, enjuague y seque.

LIMPIADOR DE CAÑERÍAS

Las cañerías del baño y la cocina se pueden beneficiar de vez en cuando con una limpieza especial de limón. Mida ½ taza de jugo de limón y ½ taza de bicarbonato de soda. Primero eche el bicarbonato de soda por la cañería seguido del jugo de limón. Prepárese, la reacción química entre el bicarbonato de soda y el jugo de limón es muy ruidosa. Deje la mezcla por 15 minutos antes de enjuagar con agua corriente muy caliente.

LUSTRADOR DE ALUMINIO

El aluminio, un metal que alguna vez fue más valioso que el oro, se puede beneficiar también de los limones cuando pierde el lustre. Para brillar el aluminio opaco, frote la superficie nublada con la parte cortada de 1 limón hasta que brille nuevamente.

LUSTRADOR DE MUEBLES

Este lustrador casero es fácil de preparar y realza la belleza natural de la veta en los muebles de madera. Para hacer el lustrador, mezcle 2 partes de aceite de oliva con 1 parte de jugo de limón. Luego, aplique la mezcla a los muebles con un trapo suave, frotándola sobre de la madera para que penetre. Termine limpiando y puliendo el mueble hasta que la madera brille.

LIMPIADOR DE VIDRIOS

Un poquito de jugo de limón puede ser un limpiador natural para los vidrios y ventanas. Tan sólo frote una pequeña cantidad de jugo de limón sobre la superficie de vidrio, séquelo con toallas de papel y dele brillo con papel periódico para obtener un cristal refulgente.

LIMPIADOR DE PANELES Y GABINETES DE MADERA

Esta es una fórmula maravillosa para limpiar gabinetes y paneles sucios o grasosos. Es bien recibida durante la limpieza de primavera de la casa de campo o de cualquier otro sitio que tenga una obra de madera vieja necesitada de limpieza profunda. Puede hacer la receta mezclando ¼ taza de jugo de limón, ⅛ taza de aceite de linaza y ⅛ taza de vinagre en un jarro de vidrio. Frote sobre la madera con un trapo suave hasta que quede limpio, y termine secando y puliendo.

VAPORIZADORES SIN OLOR

El vaporizador casero puede llenarse de bacterias indeseadas, y por ende, el rocío se tornará oloroso y malsano. Una buena manera de eliminar los malos olores que producen las bacterias dentro del vaporizador es la de medir 3 ó 4 tapas de jugo de limón embotellado y verterlas en el agua del vaporizador. Luego, utilícelo como siempre.

LIMPIADOR DE MARFIL

Con la sal, se puede limpiar todo lo que sea hecho de marfil, tal como las tallas de marfil o las teclas del piano. Cuando el marfil se empieza a amarillear, trátelo con esta mezcla de sal y limón. Corte un limón a la mitad, sumérjalo en sal, y frote con él la superficie de marfil. Deje que la superficie se seque, limpie con un trapo húmedo, y pula hasta secar para así obtener terminado más brillante. Otra forma de limpiar el marfil es sencillamente frotar la superficie con un trapo humedecido con jugo de limón, y luego enjuagar con otro trapo mojado con agua corriente, pero bien exprimido. Termine secando con otro trapo suave y limpio.

LIMPIADOR DE CUERO

Los artículos de cuero, tales como los zapatos, chaquetas, monturas y muebles, pueden beneficiarse de vez en cuando con una limpieza de limón. Tome 1 limón y córtelo a la mitad. Luego, sosteniéndolo por la cáscara, frote el cuero hasta que esté fresco y limpio.

LIMPIADOR DE MANOS PARA MECÁNICOS

Los que disfrutan trabajando la mecánica automotriz pueden comprobar que es más fácil la limpieza después del trabajo si frotan sus manos con un poco de jugo de limón antes de lavarlas. Tan sólo tome un limón cortado y frótelo sobre las áreas grasosas de las manos, y luego lávaselas. Para la mugre difícil de sacar de debajo de sus uñas, remoje los dedos en jugo de limón por 15 minutos y así se desaparecerá la grasa de encima y debajo de sus uñas.

PARA QUITAR LAS MANCHAS DE LAS MESAS DE MÁRMOL

Debido a su naturaleza porosa es difícil quitarle las manchas al mármol. El mármol suele absorber la mugre y otros materiales que entran en contacto con él, pero el limón y la sal ayudan a eliminar las manchas sin dañar la delicada superficie. Rocíe con sal 1 limón recién cortado, y suavemente frote con él la superficie manchada. Asegúrese de hacerlo con suavidad, ya que la presión puede dañar el lustre brillante. Termine lavando con agua y un jabón suave.

CÓMO RESTAURAR LAS VALIJAS MALTRATADAS

Si los mozos de equipaje realmente han maltratado sus valijas finas, llenándolas de marcas negras, use el limón para restaurarlas a su terminado original. Use una pequeña cantidad de extracto de limón y frótelo sobre las marcas hasta que se desaparezcan.

PARA ELIMINAR LAS MANCHAS DE ASFALTO

Si los chicos llegan a casa después de jugar afuera durante un cálido día de verano, y la ropa se les ha manchado con alquitrán o asfalto, no se desespere. Mezcle una solución a partes iguales de jugo de limón y aceite de linaza, moje con ella 1 trapo, y frótelo contra las manchas hasta que la brea se despegue de la prenda.

AMBIENTADOR PARA LA ASPIRADORA

La mugre y todo lo que la aspiradora recoge de las alfombras, de los pisos de madera o de loza pueden terminar en emanaciones rancias y malos olores que salen de la bolsa de la aspiradora. Una buena forma de evitar que suceda es poner una mota de algodón empapado en limón dentro de la bolsa de la aspiradora cada vez que la cambie.

JABÓN PARA LOS PISOS DE MADERA

Si quiere hacer duradera la esencia del limpiador de los pisos y elaborar una mezcla que realmente realice un buen trabajo en ellos, mezcle la siguiente solución en su hogar. En un balde combine ½ taza de jugo de limón, ⅛ taza de jabón líquido, ½ taza de té de hierbas fragantes, y 2 galones de agua tibia. Mezcle hasta que la solución se vuelva espumosa, y luego trapee los pisos.

LIMPIADOR Y LUSTRADOR
PARA LOS MUEBLES DE MADERA

Este es un maravilloso y económico substituto para los productos químicos comerciales tan conocidos y usados que ofrecen limpieza y brillo con olor a limón para los muebles de madera. Mezcle ¼ taza de jugo de limón, ⅛ taza de vinagre, y ⅛ taza de aceite de linaza de cocina en una jarra de vidrio. Luego, usando un trapo suave, frote la mezcla sobre la madera hasta limpiarla. Termine secando y brillando. El rico olor a nuez del aceite de linaza es balanceado por el suave olor del limón. Para mantener esta preciosa mezcla, añada unas gotas de vitamina E, cubra, y guarde el sobrante para su uso posterior.

TRAPO DEL POLVO PARA MUEBLES DE MADERA

Se puede hacer un trapo para el polvo y para limpiar la casa, y también dejar un sabroso olor a limón por todas las habitaciones donde se usa. Para hacer la solución, mezcle en un cuenco pequeño ¼ taza de jugo de limón con ½ cucharadita de aceite de oliva. Luego, empape un trapo de algodón suave o uno de gamuza en la solución, y limpie, quite el polvo, y pula los muebles de madera. Use este trapo una y otra vez.

PARA LA LIMPIEZA DEL BAÑO

PARA QUITAR LAS MANCHAS DEL INODORO

Combinando el limón con el bórax se obtiene un limpiador eficiente y de olor fresco para la limpieza del inodoro. Para elaborar la solución limpiadora, comience por poner un poco de bórax en polvo en un cuenco pequeño. Añada suficiente jugo de limón hasta lograr una pasta gruesa y déjela reposar por 2 horas. Para quitar las manchas del inodoro, primero suelte el agua de la cisterna para mojar los lados de la taza, y luego aplique la pasta de bórax y jugo de limón sobre el área manchada. Deje la pasta sobre las manchas por 20 minutos, y finalice lavando con el cepillo del inodoro hasta que quede limpio.

PARA LIMPIAR LOS RIELES DE LA PUERTA DE LA DUCHA

El espacio difícil de lavar que se encuentra en la parte interna de los rieles de la puerta de la ducha se ensucia y se enmohece con facilidad. Si mezcla en una botella que tenga rociador el jugo de ½ limón, 1 cucharada de blanqueador, y 1 taza de agua, obtendrá una poderosa solución limpiadora y germicida que realmente obrará sobre los hongos de las áreas difíciles. Una vez que tenga la mezcla lista, rocíela sobre el área mohosa, teniendo cuidado de no inhalar los vapores. Déjela actuar por unos minutos y finalmente enjuague con agua tibia.

CÓMO LIMPIAR LAS MANCHAS DE ÓXIDO DE LAS BAÑERAS Y LOS LAVAMANOS DE PORCELANA

Las manchas de óxido producidas por los antiguos grifos de hierro fundido o por las tuberías herrumbrosas pueden realmente desmerecer la belleza de una bañera o de un lavamanos de genuina porcelana. Si la superficie de la porcelana está manchada ligeramente, frótela con 1 limón partido hasta que la mancha se desaparezca. Si es una marca más profunda, haga una pasta gruesa de bórax con jugo de limón, y restriéguela sobre las manchas. Repita si es necesario, hasta que las manchas se desaparezcan y la porcelana se vea nuevamente blanca y limpia.

CÓMO QUITAR LOS DEPÓSITOS MINERALES DE LOS GRIFOS

Esta mezcla limpiará los residuos minerales y las marcas de agua de los grifos metálicos del baño y la cocina. Disuelva en ¼ taza de jugo de limón 1 cucharadita de alumbre. Empape un trapo en la solución y déjelo sobre el área por unas horas antes de enjuagar. El alumbre se puede comprar en la droguería o en la sección de especias del supermercado.

RESTAURADOR DE ESPEJOS

El limón puede ser usado para restaurar las superficies viejas y empañadas de los espejos a su brillo original. Aplique 1 capa delgada de jugo de limón reconstituido a la parte manchada del espejo y frótela hasta que la mancha se desaparezca y el espejo se seque.

PARA LIMPIAR LA CORTINA DE LA DUCHA

La cortina de la ducha es uno de los implementos caseros que más cuesta mantener sin mugre ni moho, pero la combinación de bórax y jugo de limón puede lograr que hasta la cortina más percudida y mohosa recobre su limpieza y frescura. Mezcle ⅓ taza de jugo de limón con ⅓ taza de bórax para hacer una pasta, y restriéguela sobre la cortina con una esponja. Luego, enjuague. Para hacer el trabajo más fácilmente, baje la cortina y límpiela dentro de la bañera, o pídale a alguien que le sostenga el borde inferior mientras usted le restriega la pasta que preparó. Luego, si es posible, deje que se seque al sol y al aire.

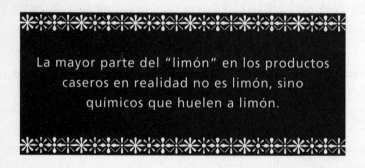

La mayor parte del "limón" en los productos caseros en realidad no es limón, sino químicos que huelen a limón.

REMEDIO PARA LAS MANCHAS DE LA EDAD

La aparición de estos puntos—que parecen una forma de cáncer para el ojo inexperto—puede llegar a ser inquietante. Pero las manchas de la edad (conocidas algunas veces como manchas del hígado) no son sino pecas de adulto que aparecen por estar demasiado expuesto al sol. Verdaderamente, no tienen nada que ver con el hígado y poco que ver con la edad, exceptuando que generalmente aparecen en personas mayores. El jugo de un limón fresco tiene el ácido suficiente para pelar con seguridad la capa superficial de la piel, y así quita o aclara algunas de las manchas. Frote dos veces al día el jugo de limón sobre la mancha con una mota de algodón, y en seis a ocho semanas se empezarán a desaparecer.

REMEDIO PARA LAS ESPINILLAS

Antes de acostarse, frótese jugo de limón sobre las espinillas. [ ] a la mañana siguiente para lavar el jugo con agua fría. Repit[ ] cedimiento varias noches seguidas y verá que se le mejorar[ ]

PARA QUITAR LOS CALLOS

Para las manos y pies encallecidos o para cualquier otra área de piel áspera, use un poquito de jugo de limón para restaurar la suavidad. Ponga una tajada delgada de limón sobre el callo y ajústela con una bandita adhesiva. Deje el limón allí durante la noche. El jugo de limón suaviza el callo porque es un ácido débil que ayuda a romper el engrosamiento de la piel muerta que lo forma.

REMEDIO PARA LAS MANOS AGRIETADAS

Las manos rojas, ásperas y dolorosas pueden ser aliviadas por medio del limón. Use una cantidad generosa de jugo de limón para darse masaje en las manos. Enjuague el jugo de limón de sus manos y masajee con aceite de oliva, aceite de coco o aceite de germen de trigo.

ALIVIO PARA LA CASPA

Si padece de caspa, use el jugo de limón como restaurador del cuero cabelludo. Para acabar con la caspa, exprima el jugo de 1 limón grande y échese sólo la mitad en el cabello. Mezcle la otra mitad con 2 tazas de agua. Lave su cabello con un champú suave, aclare con agua y luego enjuague de nuevo con la mezcla de agua con limón. Repita este procedimiento día de por medio hasta que la caspa desaparezca.

PARA COMBATIR LAS MANCHAS EN EL ROSTRO

El jugo de limón funciona como un adversario natural del acné. El [li]món puede auxiliar la a restaurar la piel, sin tener que recurrir a [re]paraciones químicas costosas. Aplique a la piel varias veces al día [jug]o de limón con una mota de algodón, golpeando con suavidad el área afectada, hasta que la mancha desaparezca. La acidez del limón le ayudará a su piel a deshacerse de espinillas y otras manchas que dañan la pureza de su cutis.

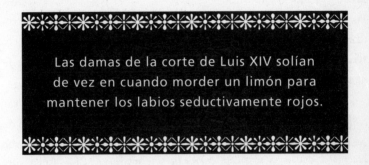

Las damas de la corte de Luis XIV solían de vez en cuando morder un limón para mantener los labios seductivamente rojos.

LIMPIADOR FACIAL

Para una limpieza profunda, use esta mezcla. Lleve 1 litro de agua a ebullición y póngalo en la mesa o descanse la olla en el lavaplatos de la cocina o el lavamanos del baño. Agregue el jugo o la cáscara de 1 limón y 1 puñado de hierbas—romero, albahaca, tomillo, menta y cualquier otra que tenga a mano. Luego tape su cabello con un gorro de baño y cubra su cabeza y la olla con una toalla, manteniendo el rostro a 12 pulgadas del agua. Cierre los ojos y vaporice su rostro por 15 minutos. Enjuague con agua fría y clara para cerrar los poros. (NOTA: No use éste método más de una vez en la semana porque puede agotar de su piel los aceites naturales.)

ACONDICIONADOR PARA EL CABELLO

Se entusiasmará con este acondicionador que le dará nueva vida y brillo al cabello dañado y opaco. Combine ¾ taza de aceite de oliva, ½ taza de miel de abejas, y el jugo de 1 limón, y deje reposar. Enjuaguese el cabello con agua y luego séqueselo con una toalla. Aplíquese un poquito del acondicionador guarde en el refrigerador y peine para distribuir bien la mezcla. Luego, cubra con plástico por ½ hora y termine lavando el cabello con champú y enjuagando a fondo.

PARA EL CABELLO DAÑADO POR EL CLORO

Si el cloro de la piscina le torna verde el cabello rubio después de nadar, puede ayudarlo con una solución de jugo de limón y bicarbonato de soda. Cuando salga de la piscina, lave y enjuáguese a fondo el cabello. Enseguida mezcle ½ taza de bicarbonato de soda con el jugo de 1 limón. Esta mezcla burbujeará tan pronto como se prepare y debe aplicarse con un masaje al cabello lo más pronto posible. Enseguida lave, enjuague y séquese nuevamente el cabello.

CÓMO ILUMINAR EL CABELLO RUBIO

El limón actúa como un colorante natural para aquéllos que quieren aclararse el cabello sin tener que recurrir al color embotellado. Enjuáguese el cabello con una mezcla de ¼ taza de jugo de limón diluido con ¾ taza de agua. Enseguida siéntese al sol o ejercítese afuera en un día tibio y soleado hasta que alcance el nivel de iluminación que desea para el cabello.

LACA NO TÓXICA PARA EL CABELLO

Hay muchas personas que padecen de reacciones alérgicas a la laca en atomizador, que fácilmente puede terminar en la delicada piel del rostro en lugar de caer en el cabello. También, la irritación nasal y de los ojos son efectos secundarios de la toxicidad de la laca. Con los limones se puede hacer laca para el cabello y evitarse así los peligros tóxicos de las lacas que se consiguen en el mercado. Parta 1 limón, póngalo en una olla, y cúbralo con dos tazas de agua caliente. Hierva la mezcla hasta que se evapore la mitad del líquido, y luego cuélelo. Ahora que es laca, póngala en una botella con rociador y pruébela en el cabello. Si está muy pegajosa, añádale agua. Guárdela en el refrigerador, o agréguele como preservativo 1 onza de vodka por cada taza de laca. Con el vodka, puede guardar la laca hasta dos semanas sin refrigerar.

CÓMO DOMINAR EL CABELLO CON ESTÁTICA

El jugo de limón ayuda a dominar el cabello con la estática que se presenta durante la estación seca. Para obtener un cabello dócil, en una botella con atomizador mezcle ½ cucharadita de jugo de limón con ¼ cucharadita de jugo de lima y ½ taza de agua. Sacuda para mezclar, y rocíe sobre el cabello para dominar la estática. Refrigere el sobrante.

MANICURA A BAJO PRECIO

Para una manicura a bajo precio, remoje por 5 minutos la punta de los dedos en una mezcla del jugo de ½ limón con 1 taza de agua tibia. Enjuague y seque, empujando las cutículas hacia atrás a medida que seca. Luego frote las uñas con la cáscara de 1 limón y termine dándoles brillo con un trapo suave.

PARA HUMECTAR LA PIEL SECA

Combinando jugo de limón con aceite para bebé, obtendrá un humectante maravilloso para la piel. El aceite oloroso le penetrará la piel, humectando y lubrificando las células y los tejidos. Como si fuesen esponjas, los poros absorberán el aceite de limón y así se revitalizarán. Para elaborar la solución, añada 1 cucharada de jugo de limón a ½ taza de aceite para bebé. Comience por tomar un baño de agua caliente por

10 minutos para así abrir los poros. Salga de la tina y masajee suavemente el aceite en la piel. Esta mezcla sirve tanto para la cara como
para el cuerpo, así que asegúrese de usarla por toda piel.

LIMPIADOR PARA UÑAS

Si tiene mugre o grasa difíciles de sacar sobre o debajo de sus uñas, use
la mitad de un limón como limpiador. Meta las uñas en la pulpa del
limón y restriegue de adelante hacia atrás, limpiando las cutículas y las
uñas. Este método también es una técnica para hacer la manicura.

BLANQUEADOR PARA UÑAS

El limón es la forma natural y sana para blanquear y dar brillo a las
uñas. Remójelas en jugo de limón de 5 a 10 minutos, y luego cepíllelas
con una mezcla a partes iguales de vinagre blanco y agua tibia. Termine
enjuagando con agua limpia.

REVITALIZADOR DE MANOS

Se puede usar jugo de limón combinado con otros ingredientes para
revitalizar las manos. Para hacer una excelente crema de manos, mezcle 1 cucharada de jugo de limón, 1 cucharada de miel de abejas, y 1 taza
de avena. Revuelva en un tazón hasta que se forme una pasta húmeda.
Unte la pasta en las manos limpias, y cubra las manos con guantes de
algodón por 20 minutos. Enjuague y continúe con el aceite humectante
(véase la receta en la pagina 61).

PARA QUITAR LA PLACA DENTAL Y EL SARRO

La higiene oral se puede mejorar muchísimo haciéndose tratamien-
tos esporádicos con limón en los dientes y encías. Para este tratamiento,

enjuáguese la boca con 1 ó 2 cucharadas de jugo de limón, reténgalo hasta que se mezcle con la saliva y luego trague lentamente. Después, tome la cáscara de 1 limón por la parte interna y masajee con ella sus encías, y también frote sus dientes. Las encías superiores deberán masajearse hacia abajo y las inferiores hacia arriba. El resultado es fantástico para sus dientes, encías, y también para su aliento.

CÓMO RESTAURAR LOS PIES ÁSPEROS Y DESCOLORIDOS

El limón ayuda a restaurar los pies cansados. Si los dedos o la piel de los pies está áspera y descolorida, frote las partes afectadas con ½ limón. Para una suavidad y blancura mayor, apoye el limón en sus talones por 15 minutos. Asegúrese de humectar después.

CÓMO DESPRENDER LAS CÉLULAS MUERTAS

Usando una combinación de limón y sal, se logra un buen resultado revitalizando parches de la piel áspera y seca. Haga una pasta combinando ¼ taza de sal con aproximadamente 2 cucharaditas de jugo de limón. Frote la mezcla abrasiva en cualquier parte del cuerpo que necesite refrescarse. Luego, retire la pasta con agua fría, y así se llevará las células muertas.

PARA SUAVIZAR LOS CODOS Y LAS RODILLAS ÁSPERAS

Use jugo de limón para blanquear y suavizar las asperezas de los codos y rodillas. Sobre 2 mitades de limón, ponga unas gotas de aceite para bebé, coloque cada mitad sobre la parte áspera de los codos o rodillas. Péguelas con cinta y manténgalas allí por 30 minutos. Termine enjuagando con agua fría y luego humectando.

BLANQUEADOR DENTAL

El poder natural blanqueador del limón se puede utilizar para obtener una sonrisa más blanca y brillante. Si de vez en cuando desea blanquear los dientes, mezcle 1 cucharadita de bicarbonato de soda con ½ cucharadita de jugo de limón. Aplique la pasta con un copo de algodón sobre los dientes. Cepille con agua y enjuague. Las manchas de café y té se desaparecerán. (NOTA: el jugo de limón es un ácido tan fuerte que si se usa solo y demasiado a menudo puede dañar el esmalte de los dientes. El jugo de limón se debe usar con cautela y sólo de vez en cuando.)

REMEDIO PARA LAS ARRUGAS

Como rejuvenecedor de la piel, el limón ha demostrado ser muy efectivo. La siguiente es una antigua fórmula francesa para prevenir las arrugas. Para hacer la solución hierva una taza de leche, 2 cucharaditas de jugo de limón y 1 cucharada de brandy. Mientras la mezcla aún está tibia, con una brocha de pastelería, pinte el rostro y el cuello con ella. Cuando esté completamente seca, retírela con agua tibia y séquese con pequeños golpecitos. Finalmente, hidrate.

PARA ALIVIAR EL DOLOR DE LOS PIES

Al final de un día pesado, dese un baño refrescante para los pies, seguido por un tratamiento con limón para aliviarlos. Comience por remojarse los pies adoloridos en agua caliente de 10 a 15 minutos. Si desea, añádale sal de epsom o cualquier otra sal mineral al agua. A continuación, masajee los pies con grandes cantidades de jugo de limón. Esto mejorará la piel de los pies y hará que se sientan y huelan mucho mejor. Después de un masaje profundo, enjuague los pies con agua refrescante. Como siempre, séquelos a fondo y aplique su crema humectante preferida. Descanse por un rato y mientras disfruta de la agradable sensación de los pies.

REMEDIO PARA EL PIE DE ATLETA

Las propiedades sanitarias inherentes al limón pueden ser usadas para curar naturalmente el pié de atleta. Después de lavar y secarse suavemente los pies, frote cantidades generosas de jugo de limón sobre las áreas afectadas. Esta solución puede resultar no sólo para los que padecen de pié de atleta, sino para los que tengan cualquier otra infección causada por los hongos. Pero aquí también hay que tener cuidado; si los pies están muy afectados, pelados, o agrietados, el jugo de limón causará escozor al aplicarlo.

TRATAMIENTO PARA EL MAL ALIENTO

La frescura del limón puede ser una ayuda para aquéllos que padecen de mal aliento. Para evitar la halitosis, añada al agua unas pocas cucharaditas de jugo de limón y bébalo. Le refrescará el aliento.

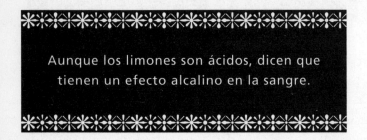

Aunque los limones son ácidos, dicen que tienen un efecto alcalino en la sangre.

PARA SANAR LAS INFECCIONES DE LA VEJIGA

El agua con jugo de limón fresco es un remedio excelente para curar las infecciones de la vejiga. Añada unas cucharaditas de jugo de limón a cada vaso con agua que vaya a beber mientras se recupera de una infección en la vejiga. Recuerde tomar mucha agua para limpiar la vejiga y recuperar la salud perdida.

PARA PREVENIR LOS CÁLCULOS RENALES

El magnesio y el ácido cítrico que se encuentran en el jugo de limón son dos ingredientes claves para la prevención de los cálculos renales más conocidos—aquellos que están compuestos por oxalato de calcio. Para prevenir y curar los cálculos renales, haga del jugo de limón una adición diaria obligatoria en el agua que tome. Regularmente agregue 1 cucharadita de jugo de limón a cada vaso de agua que beba.

CÓMO SANAR LAS HERIDAS SANGRANTES

$\mathcal{S}$i tiene una herida menor que sangra y no es demasiado severa, puede con jugo de limón ayudar al cuerpo en su habilidad natural para curarse solo. Exprima unas pocas gotas de jugo directamente sobre la herida antes de hacer la curación. El limón trabaja efectivamente como desinfectante y también ayuda al cuerpo para que deje de sangrar, pero primero prepárese para el escozor.

PARA REDUCIR LOS FORÚNCULOS

$\mathcal{S}$i padece de un forúnculo pequeño, puede usar el limón para aliviar el dolor y también para ayudar a sanar. Comience por poner un limón en el horno hasta que esté caliente, pero no tanto que no se pueda poner sobre la piel. Encienda el horno a una temperatura de 150°F y caliente el limón por unos 10 minutos. Luego tájelo a la mitad y ponga la mitad sobre el forúnculo. Manténgalo allí por 1 hora.

PARA ALIVIAR LA BRONQUITIS

$\mathcal{S}$i padece de bronquitis o de cualquier otra enfermedad del pecho que produce tos, el jugo de limón con jengibre puede aliviarle. A 1 taza de agua caliente agréguele 2 cucharaditas de jugo de limón y ½ cucharadita de jengibre fresco rallado, y beba despacio el líquido. Esto ayuda a aliviar el cosquilleo en la garganta, que desemboca en tos y también ayuda a aflojar el pecho para que las secreciones se hagan más fluídas y así salgan.

REMEDIO PARA EL ESTREÑIMIENTO

$\mathcal{S}$i la irregularidad es su problema, use el jugo de limón y agua para estimular el sistema digestivo y aliviar el estreñimiento ligero. Tomar agua con el estómago vacío estimula la peristalsis (el movimiento de los intestinos) y si le agrega el jugo de limón al agua, encontrará que la estimulación es mayor. Antes del desayuno, tome el jugo de ½ limón en 1 tasa de agua tibia. Además de ayudar al sistema digestivo, liberará el cuerpo de toxinas. Si le parece que tan temprano por la mañana el ácido del limón es demasiado, endulce la mezcla con un poco de miel de abejas.

PARA ELIMINAR LOS CALLOS

Los callos pueden ser dolorosos y molestos en sus pies, y los limones realmente pueden ayudar a remover estos incómodos engrosamientos de la piel. Para remover los callos, aplique cada noche antes de acostarse 1 cáscara de limón fresca sobre la parte pulpa sobre el callo. Manténgalo en su lugar con una bandita adhesiva. En pocos días el callo desaparecerá.

REMEDIO PARA LA TOS DE LOS NIÑOS

Si está buscando la receta antigua, efectiva y natural para curar la tos de sus niños, use esta manera de aliviar a los pequeños. Combine el jugo de ½ limón con 1 cucharadita de miel de abejas y ½ cucharadita de mantequilla para hacer que la mezcla tenga una consistencia lubrificante. Cubra la parte de atrás de la garganta del niño con una capa de la mezcla y así aliviará la tos.

JARABES PARA LA TOS

El limón es un ingrediente importante para preparar en casa jarabes para la tos que no contengan alcohol, codeína, o cualquier otro aditivo químico no deseado. Verá que los niños protestarán menos por el sabor al tomar jarabes para la tos hechos en casa con limón y que estos darán tan buenos resultados como los productos comprados en la farmacia. He aquí dos recetas de jarabes para la tos que puede probar:

Cocine por 5 minutos la mezcla de ½ taza de aceite de olivas, 1 taza de miel de abejas, y el jugo de 1 limón. Bata vigorosamente por unos minutos y tome 1 cucharadita cada 2 horas.

Para una bebida calmante que no produce sed y con un sabor delicioso, exprima el jugo de 1 limón en una taza grande o en un vaso. Añada agua caliente, 2 cucharadas de miel de abejas y 3 clavos de olor enteros o 1 astilla de canela. Beba un vaso de esta mezcla cada 3 horas.

LAVADO PARA LOS OJOS

Si sus ojos necesitan un poquito de ayuda, puede usar el jugo de limón y agua para darles más. Para hacer una solución calmante, mezcle 1 gota de jugo de limón en 1 onza de agua tibia y úsela como lavado. Es particularmente efectiva cuando los ojos han estado expuestos al polvo, humo de cigarrillo, luces fuertes, o compuestos químicos en el aire.

Los limones no son sólo ricos en la vitamina C, sino que también contienen calcio, potasio y magnesio.

PARA BAJAR LA FIEBRE

Esta antigua receta médica dice que ayuda al cuerpo a derrotar la fiebre. Mezcle de 2 a 3 cucharadas de jugo de limón, ½ cucharadita de aceita de hígado de bacalao, y para el sabor, miel de abejas. Tome 1 cucharadita de esta mezcla cuando sienta que le sube la fiebre.

CÓMO CURAR LOS PADRASTROS

Los padrastros pueden ser una verdadera molestia. Cuando tenga una de estas inflamaciones tan dolorosas en los dedos de las manos o los pies, remoje la parte afectada en agua caliente. Luego, caliente 1 limón en el horno, córtele 1 abertura por un lado, rocíela con sal, e introduzca el dedo enfermo allí. En cuestión de minutos, el dolor desaparecerá, y luego se dará cuenta que la piel alrededor del padrastro sanará mucho más rápido.

PARA ALIVIAR LA ACIDEZ

La indigestión ácida que resulta de comer mucho dulce puede aliviarse con una combinación de sal y jugo de limón. Si se encuentra experimentando acidez por comer mucho dulce, exprima ½ limón en 1 taza de agua tibia, agréguele ½ cucharadita de sal, y beba lentamente.

CÓMO DETENER EL HIPO

Se dice que la cura inmediata para los que padecen de hipo es chupar un casco de limón. Tan pronto como el molesto hipo empiece, corte en cascos 1 limón y comience a chuparlos hasta que el hipo se detenga. La combinación de succionar, con la acidez del limón, debe lograr que su diafragma regrese a la normalidad.

REMEDIO PARA LA LARINGITIS Y LA RONQUERA

Hablar mucho, fumar mucho, o estar en un ambiente polvoso y seco puede llevarlo a padecer ocasionalmente de laringitis o ronquera de la garganta. Para hacer un gran restaurador natural de la garganta, bata la clara de 1 huevo orgánico por 2 minutos, y agréguele 1 cucharadita de jugo de limón y 1 cucharadita de miel de abejas. Mezcle bien. Beba la mezcla en la mañana y en la noche, haciendo gárgaras con ella antes de tragar, hasta que se mejore.

ALIVIO PARA LAS PICADAS DE INSECTOS

Si por la molesta picadura de los insectos padece de enrojecimiento, inflamación, y rasquiña, el uso del jugo de limón le ayudará a sanar la piel. Simplemente exprima el jugo del limón sobre las picaduras, que pueden ser de pulgas, mosquitos, moscas, o cualquier otro insecto. El jugo del limón actúa con rapidez para quitar el dolor y aliviar la rasquiña, y es un antinflamatorio natural para cualquier picadura de insecto que le moleste.

PREVENTIVO PARA EL MAREO

Una antigua cura para el mareo en el mar puede ayudarle hoy con los malestares de cualquier forma de mareo que tenga. Si esta en un estado nauseoso o está a punto de embarcarse en un viaje transoceánico, bata la clara de 1 huevo orgánico con el jugo de 1 limón y bébaselo justo antes de salir de viaje, o hágalo tan pronto como empiece a sentir la nausea o los efectos del mareo.

CORTADAS CON PAPEL QUE NO CAUSAN DOLOR

Tan pronto sienta el dolor de una cortada con papel, limpie el corte con el jugo de un limón, y luego para quitar el dolor, humedezca el dedo cortado e introdúzcalo dentro de un recipiente con clavos de olor en polvo. Como el clavo de olor actúa como un anestésico suave, el dolor debe desaparecerse en segundos y la herida debe cerrar y sanarse mucho más rápido.

REMEDIO CONTRA EL ROBLE
Y LA HIEDRA VENENOSOS

Los viajes a esquiar y otros paseos fuera de casa pueden ser muy divertidos, pero pueden terminar con irritación y rasquiña si se ha recostado contra el roble o la hiedra venenosos. Tenga siempre a mano limones para estos casos. Taje uno o dos limones y frote las tajadas sobre las partes afectadas. Debe parar la rasquiña y ayuda a aclarar la piel. Repita diariamente hasta que se cure la irritación de la piel.

COMO PREVENTIVO PARA LA PIORREA

Corte la piel raspada de 1 limón y hágase un masaje en las encías con la parte interior de la cáscara. Este tratamiento no solo previene la piorrea sino que también ayudará a quitar las manchas de los dientes. (NOTA: El jugo del limón es un ácido fuerte que si se usa puro muy a menudo puede dañar el esmalte de los dientes. El jugo del limón como solución limpiadora para los dientes debe usarse con precaución y sólo de vez en cuando.)

PARA ALIVIAR EL DOLOR DE GARGANTA

Para muchos, el jugo del limón es una de las substancias que mejor calma el dolor de garganta. Para hacer en casa este remedio tan efectivo, tome el jugo de 1 limón grande, mézclelo con 1 cucharadita de miel de abejas, y tome 1 dosis cada 2 horas, hasta que la garganta se le mejore. Otra forma de usar el jugo de limón para aliviar la garganta es hacer una bebida caliente de limón. A 1 vaso con agua caliente añada el jugo de 1 limón y endulce a gusto con aproximadamente 1 ½ cucharaditas de miel de abejas. Tome 1 vaso de la mezcla cada 4 horas.

REMEDIO PARA LAS QUEMADURAS DE SOL

Un antiguo remedio italiano para quitar rápidamente el rojo de la quemadura de sol es tajar 1 limón a la mitad y frotarlo sobre el área quemada. Recuerde que el ácido del limón inicialmente arderá mucho, pero los italianos juran que el dolor vale la pena, porque el rojo se desaparecerá rápidamente.

PARA LA DIVERSIÓN DE LOS NIÑOS

CÓMO REBOTAR BOLAS EN UN TAZÓN

Si busca nuevas formas de distraer a los niños, use este truco. Puede hacer que piezas pequeñas suban misteriosamente en el agua, y disfrutar viéndolas subir y bajar. Comience por llenar un tazón transparente con agua (añádale color vegetal para dramatizar), ¼ taza de jugo de limón y 3 cucharadas de bicarbonato de soda. Luego introduzca piezas pequeñas de poco peso como botones o pastas sin cocinar, y mírelos rebotar. Aunque las piezas se irán al fondo al comienzo, comenzaran a ser elevadas por las burbujas que produce la reacción del limón con el bicarbonato de soda. Las burbujas se pegan a la pasta y la hacen subir. En la superficie se revientan y vuelven a bajar, y así el proceso empieza de nuevo. Cada vez que sea necesario, renueve la solución con 3 partes de jugo de limón por 1 parte de bicarbonato de soda.

TINTA INVISIBLE

Puede escribir mensajes secretos que se pueden leer más tarde a discreción del que lo recibe. Escriba el mensaje en un pedazo de papel con un copito de algodón, usando limón como tinta invisible. Una vez que la tinta se haya secado, levante el papel hacia una luz caliente. La escritura se volverá de color café, y así podrá se leer el mensaje.

MALABARISMO CON LIMONES

Los limones tienen el tamaño y el peso perfectos para un malabarista principiante o experto. Tome tantos limones como pueda y láncelos al aire sin dejar que ninguno toque el suelo.

POR TODA LA CASA

PARA QUE LOS GATOS SE MANTENGAN LEJOS DE LOS MUEBLES

Para que el gato pierda el interés de andar por sitios prohibidos o saltar sobre los muebles finos, con una mota de algodón humedecida en jugo de limón, toque suavemente los labios del gato cada vez que haga lo que no debe. Además, deje la mota de algodón con jugo de limón en la zona prohibida.

PARA QUE EL PERRO NO LADRE

Cuando se entrena un perro, use limón para enseñarle—sin tóxicos— una modificación en el comportamiento. Puede terminar con los ladridos exprimiendo un poquito de limón en la boca (pero no en los ojos), diciendo, "Callado"!, cada vez que empieza a ladrar. Encontrará que una forma rápida y no dolorosa de reformar el comportamiento del perro, y así lograr un poco de paz.

POPURRÍ DE LIMÓN SECO

La natural y fresca fragancia de los limones puede ser capturada y preservada usando esta receta para su popurrí casero. Comience por pelar muy finamente la cáscara de 6 limones grandes. Ponga las cortezas en un plato o tazón, y cúbralas con raíz de lirio en polvo. Ponga las pieles cubiertas en hojas de papel encerado, y después ponlo en el horno a 300°F. Tomará de 2 ½ a 3 horas para secar las cáscaras. Deben quedar duras pero no quebradizas cuando las saque del horno. Déjelas enfriar por completo y guárdelas en jarros herméticos. Justo antes de usar, macere o maje en un mortero las cáscaras. Puede distribuirlas por toda la casa o dentro de los cajones para disfrutar del aroma de la esencia de limón fresco.

PARA CONTROLAR LAS PULGAS CANINAS

Si quiere ayudar a un perro en la batalla contra las pulgas, pero no desea empolvarlo con un apestoso polvo contra pulgas, use este truco con limón. Corte 4 limones en octavos, cúbralos con agua y póngalos a hervir. Baje el fuego y continué hirviendo a fuego lento por 45 minutos. Luego, revuelva, deje enfriar y cuele el líquido. Póngalo en un recipiente de vidrio. Empape completamente al animal con la infusión, cepillando su pelaje mientras esté húmedo, para que así el jugo y el aceite del limón penetren el pelo hasta llegar a la piel. Seque bien con una toalla y termine peinando nuevamente.

GLOBOS CÍTRICOS HECHOS EN CASA
PARA LA DECORACIÓN FESTIVA

Durante la época de fiestas, puede usar la esencia de los limones y de otras frutas cítricas para refrescar la casa. Limones, naranjas y toronjas picadas con clavos de olor emanan un olor suave y refrescante. Tome varias frutas cítricas y pínchelas con clavos de olor, formando líneas de arriba a abajo de la cáscara. Si amarra algunas con cintas y les pone cuentas prendidas con alfileres, se verán más festivas. También puede arreglarlas en un frutero, como centro de mesa para sus fiestas, combinándolas con algunas frutas para comer. Su mesa se verá y olerá maravillosa.

PARA MANTENER LAS HORMIGAS FUERA DE LA CASA

A la gente le gustan los limones, pero afortunadamente, ¡a las hormigas no! Puede usar limones como un pesticida no tóxico, para mantener a las hormigas fuera de la casa. Sólo exprima limón en los bordes de las ventanas y en los marcos de las puertas para que las hormigas no entren, ya que no cruzarán la barrera.

DESODORIZANTE PARA LA CHIMENEA

Si le gusta un fuego tibio durante un día invernal pero le molesta que la casa huela a humo, use la cáscara del limón para refrescar la chimenea. Agregue 1 cáscara de limón a la leña mientras está encendida, y así evitará olores en la chimenea. También puede poner unas cáscaras sobre los rescoldos una vez que desaparezcan las llamas. Esto hará que la habitación huela fresco y agradable.

PARA LA SARNA EN LOS PERROS

Si encuentra que el perro padece de este temido desorden de la piel y quiere ensayar una cura natural antes de llevarlo al veterinario, puede usar limones y ajos para curarlo. Añada a 2 tazas de agua hirviendo 1 limón tajado finamente y 1 diente de ajo pelado y picado. Enfríe la mezcla a temperatura ambiente. Una vez fría, vierta la mezcla sobre las áreas afectadas 2 veces al día, hasta que el problema se resuelva.

PARA ACLARAR LA MADERA

Después de un tiempo la madera se puede volver oscura y deslucida, pero el limón puede ayudar a restaurar la belleza de la veta al natural. Sature una esponja con jugo de limón y lave con ella la madera, frotando mientras que la veta se aclara hasta el tono deseado. No hay necesidad de enjuagar.

EL ACEITE
DE LIMÓN

Mientras que los limones crudos y su jugo pueden ser empleados por sí solos, para preparar remedios curativos, solucionar problemas caseros y asuntos de belleza, en su aceite encontramos una segunda dimensión para las maravillas del limón. El aceite de limón puede pulir los muebles, los artículos de cuero y también, darle brillo al automóvil. Así que, en lugar de sólo aprovechar el jugo y las cáscaras del limón, haga su propio aceite con uno o dos limones, y así amplíe aún más las posibilidades.

Para hacer su propio aceite de limón, maje o macere 1 ó 2 limones (con cáscara y todo) en un mortero, licuadora o procesador de alimentos. Ponga el limón majado en un recipiente de vidrio y cúbralo con aceite puro de nogal o cualquier otro destilado en frío que sea de su preferencia. Deje reposar, revolviendo 2 veces al día, en un lugar tibio por 1 semana. Cuele el aceite, y si está muy fuerte, dilúyalo con más aceite. Para preservar el aceite de limón, añada 1 cápsula de vitamina E dentro del aceite y verá que así durará mucho más.

LIMPIADOR DE MUEBLES

Esta fórmula servirá como un limpiador básico. También se puede usar en la limpieza coticiana del hogar, o como un limpiador para usar antes de pulir, que dejará sus muebles listos para verse como nuevos. Agregue ½ cucharadita de aceite de limón a ¼ taza de vinagre, y frote la mezcla sobre el mueble con un trapo suave para sacar toda la mugre o polvo que tenga.

LUSTRADOR DE MUEBLES

Puede elaborar un gran lustrador de muebles, natural y no tóxico, usando aceite de limón, vinagre, y aceite de linaza. Combine ¼ taza de aceite de linaza de cocina, ¼ taza de vinagre, y ½ cucharadita de aceite de limón en un jarro pequeño, y bátalos. Luego aplique el lustrador con un trapo suave sobre los muebles o cualquier superficie de madera hasta que se sature, y pula hasta que seque.

CERA PARA LOS MUEBLES DE MADERA

Las superficies de madera que necesitan restauración pueden ser tratadas con esta cera que obra maravillas en muebles de madera usados y viejos, con o sin terminado. En una olla al baño de María, caliente lentamente los siguientes ingredientes: ½ taza de aceite de linaza de cocina, 1 cucharada de cera de abejas, ¼ taza de vinagre y 1 cucharadita de aceite de limón. Mientras calienta, rebulla suavemente hasta que todo se mezcle bien. Ponga la mezcla caliente en un jarro de vidrio de boca ancha y déjelo enfriar hasta que la cera se solidifique. Verá que el vinagre escurre al fondo. Una vez que la mezcla esté sólida, sáquela del jarro. Ya tiene la cera de trabajo. Aplique la cera a los muebles limpios con un trapo suave y frote hasta que penetre la madera.

Luego, tome otro trapo y empápelo en el vinagre que quedó en el jarro (o vinagre de otra botella), frote, pula y bruña el mueble hasta obtener el brillo deseado. Verá que el vinagre suavizará la cera. Si realmente quiere una cera fuerte, use 2 cucharadas de cera carnauba en la mezcla en vez de 1.

CERA SUAVE PARA LOS MUEBLES

Para que la cera produzca un mejor brillo, debe hacerse una versión más suave y pastosa que la anterior. Ponga 1 cucharada de cera carnauba y una taza de aceite de linaza de cocina en una olla. Caliente juntos los 2 ingredientes a fuego suave, rebullendo continuamente. Una vez que se mezclen, retire la olla del fuego, agregue 1 cucharadita de aceite de limón, y siga batiendo. Deje enfriar la cera y obtendrá una consistencia de jalea de petróleo.

PULIMENTO PARA CUERO

El aceite de limón junto con el aceite de olivas hace un excelente pulimento para darle nueva vida a sus artículos de cuero, tal como los zapatos, chaquetas, guantes o muebles. Tome ¼ taza de aceite de olivas y agregue ½ cucharadita de aceite de limón. Mézclelos batiéndolos en un recipiente de vidrio. Empape un trapo en el aceite y frote con él sus objetos de cuero, asegurándose de restregar el material a fondo. Termine puliendo hasta que logre el brillo deseado.

LUSTRADOR PARA EL PISO

Para hacer un lustrador de pisos efectivo con un aroma agradable, en un jarro de vidrio ponga 1 taza de aceite de linaza de cocina y ½ cucharadita de aceite de limón. Bata fuertemente hasta mezclarlos.

Luego, empape un trapo en el aceite y restriegue el piso. Termine brillando y puliendo.

CERA PARA LOS AUTOMÓVILES

Esta es una estupenda cera automotriz que protegerá el terminado de su vehículo, a la vez que lo ayudará a brillar como nuevo. Tome 1 taza de aceite de linaza de cocina, 4 cucharadas de cera de abejas, ½ taza de vinagre y póngalos en una olla al baño de María. Caliente lentamente la mezcla a fuego bajo hasta que la cera se mezcle, rebullendo continuamente. Una vez que la mezcla esté lista, retire del fuego, añada 1 cucharadita de aceite de limón y bata de nuevo. Vierta la mezcla en un jarro o tarro metálico, y déjela enfriar. Una vez que la cera se solidifique, sáquela del tarro y espárzala sobre la superficie del automóvil. Luego, moje en vinagre la punta de un trapo suave, frote y bruña la cera hasta lograr un brillo reluciente.

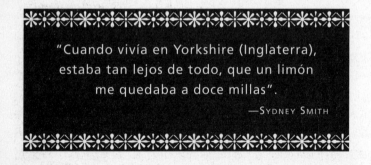

"Cuando vivía en Yorkshire (Inglaterra), estaba tan lejos de todo, que un limón me quedaba a doce millas".

—SYDNEY SMITH

EL SABOR A LIMÓN: RECETAS FAVORITAS CON LIMÓN

CÓMO SERVIR LOS LIMONES

Los limones sirven para propósitos tanto decorativos como culinarios. Puede tomar un plato común y proporcionarle un estallido de color y sabor. Son conocidos por realzar el sabor y también por ser un buen sustituto para la sal. Su ralladura se usa en sopas, salsas y ensaladas, tortas y helados, y también en la preparación de mermeladas.

UNA PRESENTACION FANTÁSTICA PARA LOS CASCOS DE LIMÓN

Para la presentación estilo restaurante de los cascos de limón que adornan los platos de pescado o cualquier otro plato que se acentúe con unas gotas de limón, tome medio limón y póngalo con el corte hacia abajo sobre un cuadrado de malla de algodón. Levante las esquinas de la malla y amárrelas por encima con una cinta o una cuerda. Adorne cada plato con el medio limón envuelto. Esta presentación permite que cada comensal exprima el jugo del limón, sin preocuparse que las pepas o la pulpa caigan sobre la comida.

ADEREZOS PARA LAS ENSALADAS

El jugo del limón es una alternativa deliciosa al vinagre embotellado que se usa en los aderezos caseros. Cuando una receta le pida vinagre, reemplácelo en su totalidad o en parte por jugo de limón. Puede hacerlo usando la doble contidad de jugo de limón en lugar de la cantidad de vinagre que indique la receta.

REALCE PARA LAS SOPAS Y LOS GUISOS

Para avivar el caldo de pollo, la sopa de tomate, el guisado de almejas, o el estofado de carne, añada un poquito de jugo de limón justo antes de servir. El sabor fresco del limón se complementa con casi todas las especias y adobos, y le da un agradable sabor a todo tipo de sopas y guisos.

REALCE PARA LAS FRUTAS

El jugo de limón y la ralladura de su cáscara realmente acrecientan el sabor y la frescura de las ensaladas de frutas, la salsa de arándanos, la salsa de manzana, melones, y las bayas. Sólo exprima un poco de limón o añada su ralladura fresca o en conserva a la fruta antes de servir. Encontrará que le ayudará a mantener el color y la textura de la fruta, y además la mantiene fresca por más tiempo.

ADORNO PARA LOS PLATOS DE MARISCOS

Los limones no sólo acrecientan la textura y el sabor de los mariscos frescos, sino que también hacen más atractiva su presentación en platos y bandejas. Corte los limones en rodajas finas y adorne, rodeando con ellas el plato o bandeja, o simplemente añada unos cascos de limón en la parte de afuera del plato.

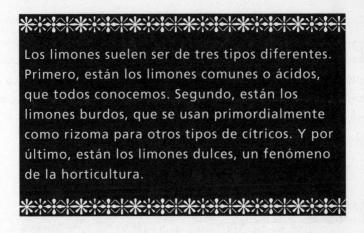

Los limones suelen ser de tres tipos diferentes. Primero, están los limones comunes o ácidos, que todos conocemos. Segundo, están los limones burdos, que se usan primordialmente como rizoma para otros tipos de cítricos. Y por último, están los limones dulces, un fenómeno de la horticultura.

REALCE PARA EL SABOR DE LOS ADEREZOS

Para darle más frescura al aderezo de sus papas y vegetales, agregue un poco de ralladura de limón y hierbas al yogurt o crema agria. Para un aderezo muy sabroso, mezcle ¼ cucharadita de ralladura de limón por cada ½ taza de aderezo y agregue hierbas frescas para el sabor.

ACENTO PARA LOS JUGOS DE FRUTAS

Aunque el jugo de limón requiere de mucho dulce cuando se sirve como bebida al natural, le da un sabor delicioso a otros jugos, como los de naranja, piña, o tomate. Para un mejor sabor, añada 1 toque de limón a sus jugos de fruta preferidos.

SUBSTITUTO PARA LA SAL

El jugo de limón es un buen saborizante que se puede usar en lugar de la sal. Para los que padecen de tensión alta y para los que necesitan bajar el consumo de sal, lo pueden lograr con el jugo refrescante y ácido del limón, que ayuda a estimular las papilas gustativas de la misma forma que lo hace la sal. Así mismo, el limón mejora el sabor de comidas como el arroz, las papas, las ensaladas y los vegetales cocidos, sin añadir grasas ni calorías indeseadas. El ácido contenido en el jugo de limón estimula las papilas gustativas y por eso no se tiene la necesidad del sabor salado.

El limón más grande del mundo se dio se Violet Philips, en el estado de Queensland en Australia. Pesó cinco libras y trece onzas.

PLATOS
CON LIMÓN

Desde la sopa y la ensalada hasta los postres, se puede completar una comida intercalando deliciosos platos con limón. La verdad es que el limón le da el sabor central a incontables recetas. Claro que todos conocemos las barras de limón y la tarta de limón y merengue. además de haber estado bebiendo limónada desde que éramos unos niños, pero la mayoría de las personas no han experimentado el maravilloso y exótico sabor de la sopa de limón, preparada por griegos y malayos, para comenzar una comida. Encontrará abundancia de recetas con limón, para platos de vegetales, pescados, aves y carnes, además de una gran variedad de dulces postres que finalizarán la comida con un sabor como no hay otro igual.

No solo saben bien los limones, sino que son uno de los alimentos más nutritivos de la naturaleza, como verá enseguida. Los limones contienen algunos de los más importantes minerales y vitaminas.

INFORMACIÓN NUTRICIONAL

Un limón mediano ó de 3 ½ onzas de jugo de limón puro tienen 29 calorías, 1 gramo de proteínas, 9 gramos de carbohidratos y 2 gramos de fibra; contienen 53 miligramos de vitamina C, equivalente al 88 por ciento de la recomendación de ingesta diaria. Es verdad que los limones contienen la mayor cantidad de vitamina C de todas las frutas cítricas. También son ricos en calcio, potasio, y magnesio, lo mismo que en el ácido fólico. Aunque los limones son ácidos, se dice que su efecto en la sangre es alcalinizarla.

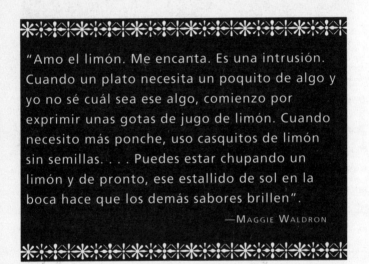

"Amo el limón. Me encanta. Es una intrusión. Cuando un plato necesita un poquito de algo y yo no sé cuál sea ese algo, comienzo por exprimir unas gotas de jugo de limón. Cuando necesito más ponche, uso casquitos de limón sin semillas. . . . Puedes estar chupando un limón y de pronto, ese estallido de sol en la boca hace que los demás sabores brillen".

—MAGGIE WALDRON

JAMONES, SALSAS Y ADEREZOS PARA ENSALADAS

MERMELADA DE LIMÓN

8 limones
1 ½ tazas de azúcar

1) Quite toda la cáscara del limón, ya sea con un pelador de verduras, un descortezador de cítricos, o un cuchillo para pelar bien afilado. Tenga mucho cuidado al cortar la medula blanca que se encuentra debajo de la cáscara.

2) Exprima los limones y mezcle el jugo, la cáscara, y el azúcar en una olla grande. Sobre fuego bajo cocine lentamente, rebullendo todo el tiempo por 30 minutos hasta que esté espeso y almibarado.

3) Deje enfriar. Se mantendrá por 1–2 semanas, cubierto y refrigerado.

DA 1 TAZA

LIMÓN CUAJADO

El limón cuajado se usa principalmente para untar sobre el pan o las tostadas, pero también sirve como relleno para tortas y ponqués.

Jugo de 6 limones
1 cucharada de ralladura de cáscara de limón
2 libras de azúcar
¼ taza de mantequilla en cubos
6 huevos ligeramente batidos

1) En una olla grande, mezcle el jugo de limón, la ralladura y el azúcar. Añada la mantequilla en cubos y los huevos ligeramente batidos y revuelva. Hierva lentamente a fuego bajo, revolviendo continuamente hasta que la mezcla se espese más o menos por 12 minutos.

2) Deje enfriar. Se volverá más firme al refrigerar. Vierta la mezcla fría en jarros esterilizados de 1 pinta con tapa rosca. Guarde en el refrigerador.

DA 2 PINTAS

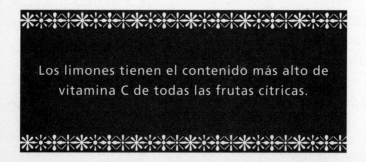

Los limones tienen el contenido más alto de vitamina C de todas las frutas cítricas.

MAYONESA DE LIMÓN

Esta receta es buena para ensaladas y también como salsa para alcachofas frescas, enteras, y cocinadas. Ensáyela la próxima vez que haga sandwiches de ensalada de atún o de salmón, o en cualquier receta que lleve mayonesa.

2 huevos (preferiblemente orgánicos)

5 cucharadas de jugo fresco de limón

2 cucharadas de mostaza de Dijon

1 taza de aceite vegetal

1 taza de aceite de oliva liviano

Ralladura de cáscara de limón

Pimienta negra fresca en grano para dar sabor

¼ taza de hierbas frescas picadas (albahaca, estragón,
*   eneldo o perejil)*

1) En la licuadora o en el procesador de alimentos, mezcle los huevos, la mostaza y el jugo de limón por unos 15 segundos. Mientras la mezcla continúa batiendo, añada lentamente los aceites hasta que la mayonesa se espese.

2) En un tazón, ponga la ralladura de cáscara de limón, la pimienta, y las hierbas de su elección.

3) Cubra y refrigere por lo menos 2 horas antes de servir.

DA 2 1/2 TAZAS

MANTEQUILLA DE LIMÓN GOURMET

Esta receta hace una deliciosa salsa de mantequilla con la que se cubren filetes cocinados de pescados, papas, espárragos, o cualquier otro vegetal cocido.

1 cucharada de chalotes (ascalonias) finamente picados
2 cucharadas de vinagre de vino blanco
1 ½ cucharadas de vermouth seco
1 ½ cucharadas de limón fresco
½ taza de crema espesa o crema de batir
1 taza (2 bloques) de mantequilla, suavizada a temperatura
*   ambiente*
Sal y pimienta recién molida al gusto

1) Ponga los chalotes, el vinagre, el vermouth y el jugo de limón en una olla y cocine a fuego alto, reduciendo el líquido hasta que casi se evapore.

2) Añada la crema y reduzca la temperatura a fuego medio, cocine hasta que la mezcla se reduzca un poco y se espese. Baje la olla del fuego y reserve.

3) Justo antes de servir, ponga la mezcla en una olla al baño de María con agua tibia. Añada la mantequilla, sal y pimienta y bata hasta que la mantequilla se derrita.

DA 1 1/2 TAZAS

Naranjas y limones,
Dicen las campanas de San Clemente.
Me deben dinero
Dicen las campanas de San Martín.
¿Cuándo me pagarás?
Dicen las campanas del Viejo Bailey.
Cuando sea rico,
Dicen las campanas de Shoreditch.

"Naranjas y limones"
—RIMA INFANTIL ANÓNIMA DE LA GRAN BRETAÑA

ADEREZO DE LIMÓN Y MOSTAZA PARA ENSALADAS

Cuando desee una alternativa deliciosa y fresca a las variedades que consigue en el mercado, pruebe este aderezo casero.

1 huevo (preferiblemente orgánico)
1 cucharada de concentrado congelado de limón
2 cucharadas de jugo de limón fresco
2 cucharadas de mostaza Dijon
¾ taza de aceite de oliva extra virgen
Sal y pimiento recién molida, al gusto

1) En una licuadora o procesador de alimentos, mezcle el huevo, el concentrado de limón, el jugo de limón, la mostaza y el vinagre por unos 30 segundos.

2) Añada aceite de oliva lentamente mientras mezcla, hasta que el aderezo espese.

3) Agregue la sal y pimienta recién molida al gusto.

DA 1 TAZA

SOPA MALAYA DE LIMÓN Y ARROZ

1 ½ tazas de caldo de pollo

½ taza de arroz blanco

1 hoja de laurel

Sal (al gusto, si el caldo no tiene sal)

¼ cucharadita de ajedrea veraniega

4 huevos batidos

El jugo y la ralladura de 2 limones

Cilantro fresco picado o chalotes como adorno

1) Caliente el caldo de pollo hasta que hierva, y añada el arroz, la hoja de laurel y sal al gusto, si es necesario. Siga hirviendo a fuego bajo por 30 minutos aproximadamente o hasta que el arroz esté cocido. Retire la hoja de laurel.

2) Justo antes que el arroz esté listo, bata los huevos y mézclelos con la ajedrea veraniega. Añada el jugo de limón y la ralladura de la cáscara de limón y bata de nuevo. Lentamente, agregue 1 taza de caldo a la mezcla de huevos, revolviendo continuamente.

3) Añada la mezcla de huevos a la olla de la sopa.

4) Antes de servir, adorne con cilantro picado o chalotes para acentuar el color y el sabor.

DA 4 RACIONES

SOPA GRIEGA DE POLLO AL LIMÓN, ORZO Y ARROZ

½ taza de arroz de grano largo
2 litros de caldo concentrado de pollo
1 pechuga de pollo cocida, deshuesada y sin piel
¾ taza de orzo (pasta pequeña)
1 huevo
1 clara de huevo
El jugo de 1 ½ limones
Sal y pimienta recién molida, al gusto
Perejil fresco picado, como adorno

1) En una olla para sopa, hierva el caldo concentrado de pollo. Baje el fuego y continúe hirviendo con el arroz por 15 minutos.

2) Mientras el arroz y el caldo están hirviendo, enjuague y seque la pechuga de pollo. Añada la sal y la pimienta recién molida al gusto para darle sabor, y dore en una sartén con 1 cucharada de aceite de oliva a fuego medio, por aproximadamente 4 minutos por cada lado, o justo hasta que esté cocida. Desmenuce en pedazos pequeños.

3) Agregue el pollo y el orzo al arroz y hierva a fuego lento por otros 10 minutos hasta que ambos el pollo y el orzo estén tiernos.

4) Justo antes de servir, bata el huevo y la clara de huevo juntos y lentamente agrégueles el jugo de limón, batiendo sin parar. Tome 1 taza de

caldo de la olla de la sopa y adiciónela a la mezcla de huevo, batiendo sin parar. Vierta dentro de la olla la mezcla de limón y huevo y continué rebullendo.

5) Deje que hierva, agregue sal y pimienta al gusto y adorne con perejil fresco picado. Sirva inmediatamente.

DA 6–8 RACIONES

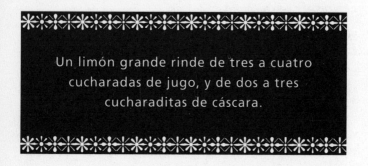

Un limón grande rinde de tres a cuatro cucharadas de jugo, y de dos a tres cucharaditas de cáscara.

ENSALADA DE POLLO CON LIMÓN Y ESTRAGÓN

4 pechugas de pollo enteras, deshuesadas y sin piel
¾ taza de crema espesa o crema de batir
1 cabeza de lechuga "Boston"
1 cabeza de lechuga "Batavia"
1 cabeza de pequeña de radichio
  (endibia roja de Verona)
1 atado grande de berros
1 taza de nueces de nogal partidas
2 ½ tazas de mayonesa de limón
  (Véase receta en la página 97)
La cáscara rallada de 2 limones
Estragón fresco para adornar

1) Caliente el horno a 350°F.

2) Lave y seque las pechugas de pollo y arréglelas en un molde para el horno. Cubra con la crema y póngalo en el horno de 20 a 25 minutos, hasta que esté listo. Tenga cuidado de no cocinarlo demasiado.

3) Mientras el pollo esté en el horno, lave y seque las verduras, y divídalas en seis porciones, arregladas en platos individuales.

4) Una vez que el pollo esté listo, sáquelo del horno y déjelo enfriar. Corte las pechugas a la mitad, en piezas de 2 pulgadas, y póngalas sobre las verduras.

5) Rocíe las nueces sobre las pechugas, añada una cucharada llena de mayonesa de limón a cada porción, y rocíe ralladura de cáscara de limón sobre los platos. Termine decorando con estragón fresco y sirva.

DA 6 RACIONES

ENSALADA DE POLLO CALIENTE CON LIMÓN

2 pechugas de pollo enteras, deshuesadas y sin piel

2 cucharadas de concentrado congelado de limón

2 cucharadas de jugo de limón fresco

1 taza de arrúgula

1 taza de lechuga romana

1 taza de hojas de berro

½ taza de almendras tostadas

½ taza de uvas pasas tostadas

¾ taza de harina integral multiuso

1 cucharadita de pimentón en polvo

½ cucharadita de sal

½ cucharadita de pimienta negra recién molida

1 taza de aceite vegetal

1 taza de aderezo de limón y mostaza para ensaladas
  (página 100)

1) Luego de lavar y secar bien las pechugas de pollo, córtelas a la mitad, en tiras de 2 pulgadas, y arréglelas en un molde para el horno.

2) Bata al tiempo el jugo y el concentrado de limón y viértalos sobre el pollo. Marine por 1 hora a temperatura ambiente, medio tapado.

3) Mientras el pollo marina, prepare la ensalada de verduras. Rompa en pedazos grandes las hojas de arrúgula y lechuga romana, revuelva con el berro, las nueces y las pasas y deje aparte.

4) En una bolsa plástica ponga y mezcle—sacudiendo—harina, pimentón, sal y pimienta. Luego introduzca en la bolsa las tiras de pollo y sacuda nuevamente, hasta cubrirlas completamente. Caliente el aceite en la sartén y fría en ella el pollo hasta que esté dorado y crocante (más o menos de 3 a 4 minutos por cada lado), y escurra sobre toallas de papel.

5) Revuelva las verduras con el aderezo de limón y mostaza, divida en cuatro porciones y arregle en cuatro platos. Ponga el pollo caliente sobre la verdura y sirva de inmediato.

DA 4 RACIONES

ENSALADA ORIENTAL CALIENTE DE POLLO CON SALSA DE LIMÓN Y AJONJOLÍ

1 libra de pechugas de pollo, deshuesadas y sin piel

4 hojas grandes de lechuga de hoja verde o roja

1 tarro (15 onzas) de cascos de mandarina escurridos

¼ taza de salsa de soya

1 cucharadita de cáscara de limón

¼ taza de jugo de limón fresco

1 cucharada de aceite oscuro de ajonjolí

1 cucharadita de ajo picado

1 cucharadita de azúcar

¼ taza de harina integral multiusos

1 cucharadita de semillas de ajonjolí

½ cucharadita de pimienta negra recién molida

1 cucharada de aceite vegetal

1) Combine la salsa de soya, la cáscara de limón, el jugo de limón, el aceite de ajonjolí, el ajo, y el azúcar en un tazón pequeño o en la taza de medir y bata hasta que se disuelva el azúcar. Deje aparte.

2) En una bolsa plástica coloque la harina, la pimienta, y las semillas de ajonjolí y sacuda un poco. Luego de lavar y secar perfectamente las pechugas de pollo, córtelas a la media, en tiras de 2 pulgadas y póngalas dentro de la bolsa. Sacuda de nuevo hasta que se cubran completa-

mente. Caliente el aceite vegetal en una sartén a fuego medio-alto y fría las tiras de pechuga, hasta que queden doradas y crujientes, más o menos 3 minutos por cada lado.

3) Ponga las tiras de pechuga calientes sobre la lechuga y haga un círculo con cascos de mandarina alrededor del plato. Bata la salsa de limón y ajonjolí, rocíela sobre la ensalada y sirva.

DA 4 RACIONES

Los primeros limones de los Estados Unidos se sembraron en San Agustín de la Florida, provenientes de semillas llevadas al Nuevo Mundo por Cristóbal Colón.

ACOMPAÑAMIENTOS

BRÉCOL CON LIMÓN

1 atado pequeño o mediano de brécol
2 cucharadas de mantequilla
El jugo de 1 limón
Sal y pimienta recién molida, al gusto

1) Luego de limpiar el brécol, corte y arregle el vegetal en ramitos, descartando la porción gruesa del tallo. Hierva o cocine al vapor los brécoles de 3 a 4 minutos, hasta que estén tiernos.

2) Mientras el brécol cocina, caliente la mantequilla en una olla a fuego bajo y añádale el limón. Quite el brécol de la olla vaporizadora o escúrralo si lo hirvió, y rocíelo con la mantequilla de limón por encima.

3) Rocíelo con sal y pimienta recién molida al gusto y sirva.

DA 4 RACIONES

HABICHUELAS CON LIMÓN Y PEREJIL

1 libra de habichuelas, con las puntas cortadas y troceadas a
    2 pulgadas
2 cucharadas de mantequilla a temperatura ambiente
El jugo de ½ limón
2 cucharadas de perejil picado finamente
Sal y pimienta recién molida, al gusto

1) Luego de trocear las habichuelas, enjuáguelas y escúrralas. Póngalas en la olla vaporizadora o en una olla común, cubiertas con agua y hierva por 10 minutos o hasta que estén tiernas.

2) Escúrralas y póngalas de nuevo en la olla. Agregue la mantequilla a temperatura ambiente y rocíelas con el jugo de limón y el perejil picado, sal y pimienta. Revuelva y mezcle todo. Sirva caliente.

DA 4 RACIONES

CALABACINES CON ACEITE DE OLIVA, ORÉGANO Y LIMÓN

2 ó 3 calabacines (aproximadamente 1 ¾ libras)
3 cucharadas de aceite de oliva extra virgen
El jugo de ½ limón
Sal y pimienta recién molida, al gusto

1) Limpie y quite las puntas de los calabacines. Trocéelos en pedazos de 1 pulgada de ancho y 2 pulgadas de largo.

2) Caliente el aceite de oliva en una sartén y agregue los calabacines, sal y pimienta. Cocine a fuego medio sacudiendo y revolviendo los calabacines alrededor de la sartén hasta que el color se intensifique.

3) Agregue el jugo de limón y cubra, cocinando por 3 minutos o hasta que estén crujientes. Sirva de inmediato.

DA 4 RACIONES

PLATOS FUERTES: PASTAS, PESCADOS Y CARNES

PASTA PENNE CON VEGETALES EN SALSA DE LIMÓN Y TOMILLO

2 cucharadas de aceite de oliva virgen

1 cebolla mediana picada

1–2 dientes de ajo finamente picados

¾ taza de ramitos de bróculi (brécol)

¾ taza de guisantes frescos

¾ taza de trozos de espárragos

¾ taza de zanahorias en tajadas delgadas

¾ taza de caldo concentrado de pollo o de vegetales

El jugo de ½ limón

1 cucharadita de ralladura de cáscara de limón

1 ½ cucharaditas de tomillo seco o unas pocas espigas de
  tomillo fresco, sin los tallos

4 onzas de pasta penne, cocinada
Queso parmesano recién molido
Sal y pimienta recién molida, al gusto
Perejil italiano de hoja ancha, opcional como adorno

1) Caliente el aceite de oliva en una olla grande a fuego medio y saltee las cebollas y el ajo hasta que las cebollas se vuelvan transparentes. Si usa tomillo seco, añada mientras cocina las cebollas. Si lo usa fresco déjelo para más tarde.

2) Agregue el caldo concentrado de pollo o vegetales, la ralladura y el jugo de limón y hierva a fuego lento sin tapar, hasta que la salsa reduzca un poco, aproximadamente por 5 minutos.

3) Agregue los vegetales picados y cocine a fuego medio por 5 minutos más o hasta que estén tiernos. Ponga el tomillo fresco una vez que los vegetales se hayan cocido.

4) Agregue a la olla, la pasta penne, cocinada *al dente* (al diente) y revuelva. Añada sal y pimienta recién molida y ralle queso parmesano al gusto antes de servir. Adorne los platos con perejil italiano picado al gusto.

DA 4 RACIONES

"Estaré contigo cuando
exprimas un limón".
—OLIVER GOLDSMITH

PASTA CON CEBOLLETA Y LIMÓN

Esta sencilla receta de pasta es un acompañamiento delicioso para el pescado a la parrilla, pollos o carnes.

4 onzas de pasta seca (fetuccine de espinaca o tomate, orzo o farfalle)
2 cucharadas de mantequilla o aceite de oliva virgen
¼ taza de cebolleta finamente picada
1 cucharadita de cáscara de limón picada
Sal y pimienta recién molida, al gusto

1) Cocine la pasta hasta que esté *al dente*, y escúrrala bien.

2) Derrita la mantequilla o caliente el aceite de oliva en una sartén grande y agregue el jugo de limón y la cebolleta.

3) Agregue la pasta cocida a la mantequilla de limón (o aceite) y revuelva. Ponga sal al gusto, pimienta recién molida y sirva.

DA 4 RACIONES

MERO AL LIMÓN CON SALSA DE TOMATE Y ROMERO

1 ¼ libras de filete de mero

¾ taza de tomates ciruelos en cubos

1 cucharadita de ajo picado

1 ½ cucharaditas de jugo fresco de limón

½ cucharadita de salsa Worcestershire

2 rociadas de salsa picante (Tabasco, bananero o cualquier otra de su preferencia)

2 cucharaditas de romero fresco picado o ¾ cucharadita de romero seco

1 limón grande en cascos delgados

Sal y pimienta recién molida, a su gusto

1) Caliente el horno a 450°F.

1) En la licuadora o procesador de alimentos mezcle los tomates, el ajo, el jugo de limón, la salsa de Worcestershire, la salsa picante, la sal y la pimienta. Una vez que esté listo, añada el romero y mezcle de nuevo.

2) Arregle un molde para el horno ligeramente engrasado, con los cascos de limón haciendo la forma del filete de mero, y después de haber enjuagado y secado el pescado, póngalo sobre las cuñas de limón. Póngalo en el horno cubierto de 15 a 20 minutos.

DA 4 RACIONES

LENGUADO SALTEADO EN SALSA DE LIMÓN

1 ¼ de libra de lenguado, fileteado en 4 piezas

¼ taza de migas de pan secas

2 cucharadas de aceita de oliva

½ taza de vino blanco

1 cucharadita de ajo picado

2 cucharadas de jugo de limón fresco

1 cucharada de jugo de naranja

1 cucharadita de mantequilla

2 cucharadas de cebolleta fresca picada

Sal y pimienta recién molida, al gusto

1) En un cuenco plano, que sea lo suficientemente grande para abarcar un filete a la vez, ponga la miga de pan con la sal y la pimienta al gusto. Empanize cada filete y ponga aparte.

2) En una sartén grande a fuego medio alto, caliente el aceite de oliva y saltee los filetes 2 minutos por cada lado o hasta que se doren. Retire los filetes, póngalos en una bandeja y tápelos en una olla, a fuego alto. Caliente el vino, el ajo, el jugo de limón y el jugo de naranja por un minuto más o menos o hasta que la mezcla se espese un poco. Agregue los chalotes, retire la olla del fuego y añada la mantequilla.

3) Vierta la salsa sobre los filetes y luego rocíe la cebolleta picada sobre cada porción y sirva.

DA 4 RACIONES

CEBICHE

2 libras de vieiras crudas (scallops)
1 ají rojo picante, en juliana
1 pimiento rojo dulce, en juliana
½ cebolla morada pequeña en juliana
2 tomates maduros, sin semillas, picados y cortados e cubos de
¼ pulgada
1 diente de ajo muy finamente picado
2 cucharaditas de azúcar morena
2 cucharadas de perejil fresco picado
2 tazas de jugo de lima fresco
½ taza de jugo de limón fresco
2 aguacates pelados y cortados en 16 tajadas y barnizados
   con jugo de limón
Perejil fresco picado
Sal y pimienta recién molida, al gusto

1) En un tazón grande combine todos los ingredientes, menos los aguacates y el perejil que serán usados como adorno. Mezcle suavemente pero a fondo, asegurándose que el jugo de lima y el del limón, cubran bien las vieiras crudas.

2) Cubra el tazón y póngalo en el refridgerador por lo menos por 5 horas o hasta que las vieiras, pierdan su apariencia translúcida y se vean "cocinadas".

3) Sirva en moldecitos individuales adornados con las tajadas de aguacate y el perejil picado. Asegúrese de cubrir con anticipación las tajadas de aguacate con jugo de limón fresco, para que mantengan su color verde brillante.

DA 8 RACIONES DE APERITIVO

FILETES DE SALMÓN AL HORNO CON LIMÓN

1 ¾ libras de filetes de salmón

Atomizador de aceite vegetal

1 limón sin semillas, cortado en cascos muy delgados

1 cebolla blanca o amarilla grande, tajada en cuñas muy delgadas

Sal y pimienta recién molida, al gusto

1) Caliente el horno a 450°F.

2) Ponga el filete de salmón en un molde para el horno, engrasado previamente con el atomizador de aceite vegetal. Rocíe también el filete y agregue sal y pimienta.

3) Ponga sobre el filete los cascos de limón, en tajadas muy delgadas y sobre ellos las tajadas de cebolla en cuña también muy delgadas. Coloque el molde en el horno y déjelo allí por 20 minutos o hasta que el pescado esté bien cocido.

DA 2 RACIONES

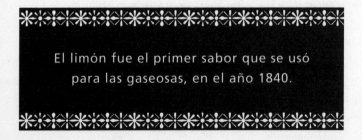

El limón fue el primer sabor que se usó
para las gaseosas, en el año 1840.

LOBINA ASADA, MARINADA EN LIMÓN Y ENELDO

6 filetes de lobina de 6 onzas y ½ pulgada

⅓ taza de aceite de oliva virgen

2 cucharadas de vermouth seco

1 cucharada de ajo picado

*2 cucharadas de pulpa de limón, descartando la cáscara y
   las membranas*

2 cucharadas de cebolleta fresca

2 cucharadas de perejil italiano fresco

2 cucharadas de eneldo fresco y picado

1 cucharada de sal kosher

½ cucharadita de pimienta recién molida

1) Ponga en la licuadora o en el procesador de alimentos todos los ingredientes de la marinada y mezcle por un minuto.

2) Ponga los filetes de pescado en una bandeja panda y cúbralos por los dos lados con la marinada. Cubra la bandeja y déjelos marinar por una media hora.

3) Ase los filetes, poniéndolos de 4–5 pulgadas lejos de la llama del asador y déjelos de 5 a 8 minutos hasta que estén cocinados y dorados.

DA 6 RACIONES

POLLO ASADO EN SALSA DE LIMÓN Y HIERBAS

2 libras de pollo, piezas enteras (carne blanca o roja)

2 cucharadas de aceite vegetal

1 cucharada de mostaza de Dijon

1 cucharada de jugo de limón

1 ½ cucharaditas de sazonador de limón y pimienta

1 cucharadita de orégano o albahaca (macerado)

¼ cucharadita de sal de cebolla

⅛ cucharadita de pimienta roja

Orégano o albahaca frescos para adornar

1) Lave las piezas del pollo, séquelas y póngalas con el cuero hacia abajo en una bandeja de asar. Ase el pollo por unos 20 minutos, colocado a 4 ó 5 pulgadas de la llama del asador.

2) Mientras el pollo se cocina, en un cuenco pequeño combine el aceite vegetal, la mostaza de Dijon, el jugo de limón, el sazonador de limón y pimienta, el orégano o la albahaca, sal y pimienta roja y mezcle bien.

3) Cuando el pollo se ha cocinado, barnícelo con una brocha por los dos lados con la salsa de limón y mostaza. Voltéelo y barnícelo otra vez y ase con el cuero hacia arriba por otros 10 a 15 minutos, o hasta que pierda su color rosa. Pinte seguido con el barniz durante los últimos 5 minutos de cocción.

4) Adorne con hojas frescas de orégano o albahaca y sirva.

DA 4–6 RACIONES

BISTEC MARINADO CON LIMÓN

1 trozo de lomo de 1 ½ libras cortado a 1 pulgada de grosor
1 cucharadita de cáscara de limón finamente picada
⅓ taza de jugo de limón
¼ taza de aceite vegetal
¼ taza de cebolla picada
1 cucharada de azúcar
1 cucharada de salsa Worcestershire
1 cucharadita de mostaza de Dijon
Sal y pimienta recién molida, al gusto

1) Luego de limpiar la carne, quitándole la grasa, póngala dentro de una bolsa plástica sobre una bandeja grande. Aparte, combine la cáscara de limón, el jugo de limón, el aceite vegetal, la cebolla, el azúcar, la salsa Worcestershire, la mostaza, ¼ cucharadita de sal y ¼ cucharadita de pimienta en un tazón pequeño y mezcle bien. Vierta la marinada dentro de la bolsa plástica donde tiene la carne y marine en el refrigerador de 6 a 24 horas, dándole vuelta de vez en cuando.

2) Luego que la carne se ha marinado, sáquela de la bolsa y póngala en el molde de asar, conservando los jugos de la marinada. Ase la carne a 3 pulgadas de la llama del asador más o menos por 6 minutos de cada lado, o hasta el punto deseado, volteando y barnizando con los jugos que conservó de la marinada. Si quiere hacer barbacoa, ase el bistec por 9 minutos de cada lado para lograr una carne cocinada término medio.

DA 4–6 RACIONES

SORBETE DE LIMÓN

4 limones grandes de cáscara gruesa
2 tazas de azúcar
2 tazas de agua
4 hojas frescas de menta

1) Córtele a cada limón una pequeña tapa en el sitio de donde sale el tallo y póngala aparte.

2) Usando una cuchará de toronja saque la pulpa, teniendo cuidado de no dañar la piel. Ponga las cortezas vacías y las tapas en el congelador.

3) En la licuadora, haga puré con la pulpa del limón.

4) En una olla, disuelva el azúcar en el agua a fuego lento. Cuando se espese, retire el almíbar del calor y déjelo enfriar.

5) Mezcle el puré de pulpa de limón con el almíbar y congele la mezcla por unas 3 horas o hasta que se forme un sorbete.

6) Llene las cáscaras congeladas y vacías de los limones con el sorbete y cubra con las tapas. Adorne con una hoja de menta fresca y mantenga en el congelador hasta el momento de servir.

DA 4 RACIONES

BARRAS DE LIMÓN

⅓ taza de mantequilla o margarina

1 taza de azúcar

1 taza más dos cucharadas de harina multiusos

2 huevos

3 cucharadas de jugo de limón

¼ cucharadita de polvo de hornear

Azúcar pulverizada

1) Caliente el horno a 350°F.

1) En una batidora eléctrica mezcle la mantequilla o margarina por 30 segundos a velocidad alta y agregue ¼ taza de azúcar hasta que se mezcle bien. Con la batidora funcionando agregue una taza de harina hasta que la mezcla tome una textura arenosa.

2) En un molde de 8 x 8 x 2 pulgadas, sin engrasar y que se puede poner al horno, presione la mezcla hacia el fondo, y déjelo en el horno hasta que tome un color dorado, de 15 a 18 minutos.

3) Mientras la corteza del fondo se cocina en el horno, mezcle los huevos, el azúcar sobrante, 2 cucharadas de harina, la cáscara de limón, el jugo y el polvo de hornear y bata por dos minutos hasta que se mezcle completamente.

4) Saque el molde del horno, vierta la mezcla de huevo sobre la corteza caliente. Mantenga el horno a 350°F y vuelva a poner el molde dentro del horno. Déjelo allí por 20 minutos más o menos hasta que esté y los bordes se vuelvan ligeramente dorados.

Enfríe en una rejilla y corte en barras. Tápelo todo ligeramente con azúcar pulverizada por encima y sirva.

DA 20 RACIONES

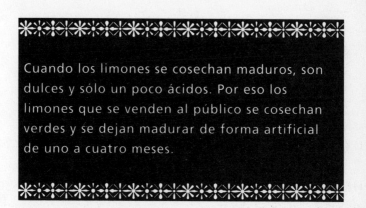

Cuando los limones se cosechan maduros, son dulces y sólo un poco ácidos. Por eso los limones que se venden al público se cosechan verdes y se dejan madurar de forma artificial de uno a cuatro meses.

TORTA DE BUDÍN DE LIMÓN

½ *taza de azúcar*

3 cucharadas de harina multiusos

1 cucharadita de cáscara de limón finamente picada

3 cucharadas de jugo de limón

2 cucharadas de mantequilla derretida

2 yemas de huevo ligeramente batidas

1 taza de leche

2 claras de huevo

1) Caliente el horno a 350°F.

2) Mezcle el azúcar y la harina y luego agregue la cáscara de limón, el jugo de limón y la mantequilla derretida. En un tazón distinto combine las yemas de huevo con la leche y agregue a la mezcla de harina y bata hasta combinar completamente.

3) Bata las claras de huevo hasta que estén duras e incorpore suavemente al batido de limón.

4) Transfiera la mezcla a un molde refractario de 1 litro y póngalo sobre otro recipiente más grande dentro del horno sobre la rejilla. Agregue agua caliente al recipiente grande, hasta una altura de 1 pulgada y déjelo en el horno por 40 minutos, hasta que se dore y la parte superior de la torta vuelva a su forma original cuando se presiona.

DA 4 RACIONES

TORTA DE LIMÓN Y SEMILLAS DE AMAPOLA

½ taza de mantequilla

1 taza de azúcar

1 cucharadita de vainilla

3 huevos

½ taza de yogurt de limón

1 ½ tazas de harina multiusos

¼ taza de polvo de hornear

⅛ taza de bicarbonato de soda

1 cucharadita de cáscara de limón finamente picada

2 cucharadas de jugo de limón

2 cucharadas de semillas de amapola

1) Caliente el horno a 325°F.

2) Saque de la nevera ⅓ taza de mantequilla, los 3 huevos y 1 taza de yogurt, y déjelos hasta que alcancen la temperatura ambiente.

3) En una batidora eléctrica a velocidad media-alta, bata por 30 segundos la mantequilla y luego agregue poco a poco 1 taza de azúcar, batiendo por 10 minutos, hasta que la mezcla sea suave y esponjosa. Agregue 1 cucharadita de vainilla y los huevos uno a uno, batiendo 1 minuto después de cada adición y raspando a menudo los bordes del tazón.

4) En un tazón aparte, combine 1 ½ tazas de harina multiusos, ¼ cucharadita de polvo para hornear y ⅛ cucharadita de bicarbonato de soda.

5) Agregue a la mezcla de mantequilla y huevo, la mezcla de harina y el yogurt, alternando uno a uno y batiendo a velocidad media-baja después de cada adición.

6) Finalmente, agregue la cáscara de limón finamente picada, las dos cucharadas de jugo de limón y las 2 cucharadas de semillas de amapola al batido y mezcle bien. Vierta en un molde de hogaza de 8 x 4 x 2 ó 9 x 5 x 3 pulgadas engrasado y enharinado.

7) Póngalo en el horno por 60 a 75 minutos o hasta que al introducir un palillo en el centro de la torta salga limpio. Enfriar sobre la rejilla y desmoldar.

DA 10 RACIONES

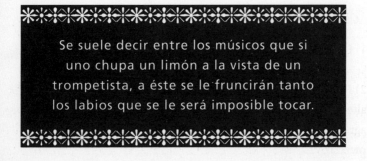

Se suele decir entre los músicos que si uno chupa un limón a la vista de un trompetista, a éste se le fruncirán tanto los labios que se le será imposible tocar.

TARTA DE LIMÓN Y MERENGUE

Relleno:

1 ½ tazas de azúcar

3 cucharadas de harina multiusos

3 cucharadas de maicena (almidón de maíz)

3 huevos

2 cucharadas de mantequilla o margarina

1–2 cucharaditas de cáscara de limón finamente picada

⅓ taza de jugo de limón

Corteza para tarta ya cocida

Merengue:

3 claras de huevo

½ cucharadita de vainilla

¼ cucharadita de crémor tártaro

6 cucharadas de azúcar

1) Caliente el horno a 350°F.

2) *Para el relleno de la tarta:* en una olla mediana, cocine a fuego medio-alto el azúcar, la harina, la maicena y una pizca de sal. Gradualmente, agregue rebullendo constantemente, 1 ½ tazas de agua, hasta que la mezcla esté espesa y burbujeante. Reduzca el fuego y revuelva por otros 2 minutos y luego retire la mezcla del fuego.

3) Separe las claras de las yemas de los huevos, apartando las claras para el merengue de la receta. Bata ligeramente las yemas y agréguelas

a 1 taza de la mezcla caliente. Regrese la mezcla a la olla y déjela hervir suavemente, batiendo por 2 minutos más. Retire nuevamente del fuego.

4) Agregue la margarina y la cáscara de limón. Batiendo, adicione lentamente el jugo de limón y vierta en la corteza la cocida.

5) Tenga listos todos los ingredientes para el merengue de la receta, de manera que pueda extender con rapidez el merengue sobre la mezcla caliente del relleno antes de ponerlo en el horno.

6) *Para el merengue:* permita que las claras de huevo estén a temperatura ambiente antes de comenzar a batir. En un tazón, combine las claras de huevo, la vainilla y el crémor tártaro.

7) Con una batidora eléctrica a velocidad media, bata por 1 minuto o hasta que haga picos suaves. Agregue gradualmente el azúcar 1 cucharada a la vez, batiendo a velocidad rápida por unos 4 minutos o más, hasta que la mezcla forme picos duros, brillantes y se disuelva el azúcar.

8) Con rapidez extienda el merengue sobre la tarta y póngalo en le horno por 15 minutos. Enfríe en la rejilla, cubra y refrigere para guardar.

DA 8 RACIONES

PERAS COCIDAS EN MIEL DE ABEJAS CON SALSA DE LIMÓN

Salsa de limón:
1 cucharada de arrurruz en polvo
1 ½ tazas de leche
1 astilla de canela
La ralladura de la cáscara de 2 limones
¼ taza de jugo de limón fresco
¼ taza de miel

Peras:
6 peras maduras pero firmes
¼ taza de miel
½ taza de agua
4 ó 5 clavos de olor enteros

1) Caliente el horno a 350°F.

2) Para hacer la salsa de limón, comience por disolver el polvo de arrurruz en ¼ taza de leche y viértalo en una olla con el resto de la leche y la canela. Bata y cocine a fuego bajo, hasta que espese un poco.

3) Agregue la ralladura de limón, el jugo de limón y la miel. Retire del calor, cubra y enfríe en el refrigerador. Justo antes de servir, quite la astilla de canela y vierta la salsa sobre las peras.

4) Lave las peras y córtelas a la mitad, y a lo largo, retire el corazón y las semillas y póngalas en una refractaria de vidrio que puede ponerse en el horno.

5) En una olla pequeña hierva la miel de abejas, el agua, y los clavos de olor. Retire del fuego y vierta la mezcla sobre las peras. Déjelo en el horno de 10 a 15 minutos o hasta que las peras estén tiernas. Asegúrese de no cocinarlas demasiado. Sírvalas calientes con la salsa de limón fría.

DA 6 RACIONES

UNA BREVE RESEÑA HISTÓRICA DE LA SAL

E l salero común y corriente que se encuentra hoy en día en cualquier cocina o restaurante es algo tan normal que es difícil comprender cuán importante ha sido el papel que ha jugado la sal en la historia. Con el arribo de modernas técnicas de minería, la sal se ha vuelto un artículo barato y tan fácil de encontrar que se da por sentado por la gran mayoría de personas. Pero en el pasado, hubo guerras por la sal, y se ponían altísimos impuestos sobre ella. En algunos lugares, había tanta demanda por la sal, que se acuñaba monedas hechas de ella que tenían el mismo valor que las de oro. Además, en algunas civilizaciones antiguas, la sal tenía la función de divisa básica.

Lo que llamamos "sal de mesa" es una simple combinación química de dos compuestos, el sodio y cloro. Los componentes básicos de la sal son por sí solos potencialmente peligrosos. El sodio reacciona de forma violenta si tiene contacto con el agua, y el cloro es venenoso si se ingiere. En combinación, sin embargo, los dos compuestos forman cloruro de sodio, lo que popularmente es conocido como sal. En el cuerpo humano, la sal es igual de importante como el agua o el aire. La sal ayuda a mantener el volumen normal de sangre, y a la vez mantiene el equilibrio normal del agua dentro y fuera de la célula y los tejidos. La sal juega un papel importante en la digestión de la comida, y a la vez es de necesidad básica para que el corazón palpite como debido. Es necesaria también para la formación y funcionamiento correcto de las fibras nerviosas que llevan impulsos desde y hacia el cerebro. Incluso para las criaturas dentro del útero, la sal es importante en para el desarrollo. El líquido amniótico que las rodea en el útero tiene la misma concentración salina que los océanos que rodean la tierra.

Alrededor del mundo, la sal ha sido de suma importancia para muchas economías. Desde la antigüedad hasta hoy, los depósitos salinos han sido fuentes importantes de bienestar económico para las regiones en donde se encuentran. Hoy en día, los extensos depósitos de sal a lo largo de la tierra proveen el mineral en cantidades sin límites. El mar por sí sólo contiene la suficiente cantidad de sal para abastecer el nivel de consumo actual por miles de años más. Sin embargo, en la antigüedad, el hombre tenía poco acceso a la sal. El aumento del nivel del mar durante el primer mileno antes y después de Jesucristo inundó los bancos salinos litorales, causando así una gravísima carencia de sal. La tecnología no estaba lo suficientemente avanzada como para llevar a cabo la minería. Así que aquéllos que gozaban de la suerte de tener acceso a los pantanos y bancos salinos en las costas podían abastecerse de sal o canjearla por su valor en oro. Vale señalar que muchas veces la sal valía igual que el oro.

Tan importante era la sal alrededor del mundo en la antigüedad que servía como un importante método de trueque. La gente estaba dispuesta a cambiar artículos de altísimo valor por el precioso mineral. En el África, el Tíbet y Borneo, la sal se usaba como dinero. A los soldados romanos se les pagaba parte de su sueldo en sal. El pago en sal se llamaba *salarium*, la misma palabra de la cual hemos derivado nuestro vocablo moderno *salario*. En los Estados Unidos, los primeros colonos europeos trajeron sal, y la usaron como una forma muy eficaz de canje con los indios. Éstos estaban dispuestos a trocar comida, pieles, e incluso tierra, por el preciado mineral.

En el Sudán, algunas tribus tenían oro y les faltaba sal, pero en la región del Sahara, que queda al norte del Sudán, la sal abundaba en grandes depósitos que quedaban expuestos a la intemperie debido al constante desplazamiento de la arena. Entre las dos regiones quedaba la afamada ciudad de Tomboctú, de donde partían las caravanas que cargaban oro al Mediterreaneo durante el medioevo. Los mercaderes moros iban con grandes bloques de sal para cambiarlos por oro a un lugar secreto de permuta más allá de Tomboctú. Al llegar allí, los mercaderes tocaban tambores para anunciar su llegada, dejaban sus grandes pilas de sal, y se retiraban en silencio. Luego, los excavadores de oro salían de las minas, dejaban montones de oro al lado de las pilas de sal y se retiraban, tal como lo hacían los mercaderes de la sal. Los moros volvían más tarde, y si estaban satisfechos con el trueque, tocaban los tambores para señalar la clausura de la negociación. Sin embargo, lo más común era que los moros se quedaran con parte de la sal, se retiraran otra vez, y entonces esperaban a ver qué querían los mercaderes de oro. Este proceso podía llevarse a cabo varias veces antes de que se volvieran a sonar los tambores para señalar el final del negocio.

El comercio de la sal, de hecho, sentó la base para el establecimiento de varias de las primeras rutas comerciales en el mundo. Una de las rutas más antiguas atravesaba el Sahara, desde el oasis de Bilma en el África Occidental hasta los puertos marítimos de la costa. En Bilma, una corteza de sal se formaba sobre los pantanos. La corteza se rompía en pedazos, y luego se reunían los trozos, se empacaban y transportándolos a camello, se llevaban a los puertos. De ahí, se enviaban a Europa y Asia. Las caravanas de camellos aún hoy cargan sal a lo largo del vasto Sahara.

En Italia, una de las más antiguas rutas para el negocio de la sal era la *Via Salaria* (Camino de la Sal). Era utilizada para llevar sal desde Ostia, cerca de Roma, hacia el noreste. Hoy en día, el Camino de la Sal es una de las principales autopistas italianas.

En Inglaterra, el camino desde Chester a Londres comenzó como un sendero por el que se llevaba la sal. Esta sal provenía de las minas de Cheshire, y de ahí se llevaba hasta el puerto en el río Támesis, de donde cruzaba el Canal de la Mancha hasta llegar a Galia, hoy conocida como Francia. En los Estados Unidos, caravanas de mulas cargaban sal desde lo que hoy es Alamo Gordo en Nuevo México a las minas de plata de Sonora, México. La autopista interestatal número setenta sigue hoy esa misma ruta, y el Canal de Erie fue—en gran parte—cavado para transportarar la sal que provenía de las grandes minas de la ciudad Siracusa en el estado de Nueva York.

Las rutas crecieron no sólo para facilitarle el acceso al negocio de la sal, sino que también se fundaron ciudades completas a lo largo de los caminos para resguardar las caravanas. Por ende, estas ciudades crecieron en torno a la producción de sal. En Inglaterra, los pueblos cuyos nombres terminan con el sufijo *-wich,* tales como Norwich y Greenwich, deben sus comienzos a la sal. *Wich* es una palabra sajona que significa "un lugar de donde se extrae sal". En Alemania y Austria, los pueblos con semejantes historias llevan *salz* o *hall* en sus nombres; palabras que también se refieren a la sal.

En todo el mundo, el trueque de la sal ayudó desarrollar el paisaje político. A medida que el negocio se volvía más importante, los gobiernos empezaron a darse cuenta cuán prometedor sería regular el negocio y el flujo de tan valioso recurso. Esto conllevó a guerras, impuestos, y en algunos casos, a muchísimas muertes debido a la escaseces de sal causadas por las acciones bélicas

Para el año 250 a.C., ya los cartagineses se habían ido a la guerra por la sal. Les declararon guerra a los romanos y a los griegos para tratar de apoderarse de importantes centros de producción de sal del litoral de tanto el Mar Mediterráneo como el Adriático. Además, los cartagineses querían ejercer el control total sobre las rutas comerciales utilizadas para transportar la sal. Por desdicha, los cartagineses no ganaron la guerra, y la misma sal por la que lucharon fue utilizada para destruirlos. Al vencer los cartagines, los romanos regaron sal sobre y dentro de sus tierras para así evitar que ahí creciera nada más.

Bajo el Antiguo Régimen, los franceses estaban bajo la obligación de comprar toda la sal de los almacenes de la corona. Cuando el rey tenía necesidad de más fondos, sólo le bastaba aumentar la cantidad de sal que cada persona debía comprar. Pero el monopolio sobre la sal se le viró en contra del trono francés. El tan odiado impuesto a la sal, conocido como *la gabelle*, fue una de los factores que destató la Revolución Francesa.

La historia suele repetirse de forma odiosa. El impuesto francés a la sal fue revivido por Napoleón quince años después de la revolución. Napoleón también también tuvo que haberse arrepentido de su asociación con el mineral esencial. La carencia de sal diezmó sus tropas en su retirada de Moscú, reduciendo así la resistencia a las enfermedades. Muchas dolencias se diseminaron entre las tropas, y por ende, miles de soldados franceses fallecieron.

Hasta en la guerra de independencia estadounidense hubo pelea por la sal. Aunque algunas de las colonias británicas del litoral oriental de Norteamérica ya estaban produciendo su propia sal cuando se inició la Revolución Americana, una gran cantidad de la sal que se consumía en lo que iba a ser los Estados Unidos se importada de Inglaterra. Por supuesto, cuando la guerra estalló, los británicos cortaron el abastecimiento de la sal importada. Además, ellos hicieron todo lo posible por apoderarse de cualquier fábrica o depósito de sal en las colonias.

Partiendo del Lago Onondaga en el estado de Nueva York, los británicos capturaron y destruyeron una enorme planta productora de sal. Desde allí se movilizaron hacia el sur por la costa, tomando y destruyendo cuantas minas de sal encontraban a su paso. En el estado Nueva Jersey, los británicos destruyeron pequeñas minas y las quemaron hasta que no quedó nada. En Filadelfia, hubo un incidente muy parecido al episodio del motín del té de Boston, cuando los rebeldes norteamericanos echaron un cargamento de té en la bahía de esa ciudad como acto de protesta en contra de los impuestos excesivos que Londres imponía sobre la bebida. En el caso de Filadelfia, tres barcos cargados de sal fueron capturados por los británicos, y su carga fue vaciada en el río Delaware. Cuando fallecieron centenares de personas en esa ciudad el siguiente invierno debido a la escasez de sal, los periódicos londinenses se declararon triunfantes. Según ellos, el sabotaje británico a la sal de Filadelfia había sido un éxito retundo.

A lo largo de la guerra, la escasez de sal fue duramente sentida a través de los Estados Unidos. La población empezó a debilitarse y a volverse más vulnerable a las enfermedades infecciosas. Después de haber padecido de tal escasez, el recién independizado país se encargó de establecer un sistema de minas de sal en el que se podía contar.

Los conflictos por la sal no son tan sólo problemas del pasado remoto. Incluso hoy en día, continúan. El impuesto insostenible sobre la sal en la India, instituido por los británicos durante su ocupación de ese país, fue una de las causas que conllevó a la desobediencia civil del pueblo, guiado por Mahatma Gandhi, que culminó en la independencia de la India.

La minería de la sal fue un invento que llegó más bien tarde a muchos rincones del mundo. El hombre primitivo se alimentaba en gran parte por medio de la carne cruda o asada, y de ahí se abastecían de sal, ya que la carne provee un alto contenido de sal. Muchas tribus antiguas que vivían cerca al mar sencillamente lavaban los vegetales en agua marina para darles un sabor salado. Cuando los depósitos de sal eran empujados por las olas hacia la superficie, la sal podía ser simplemente raspada de las piedras que se hallaban en las la costas. Pero a medida que el hombre desarrolló la agricultura y empezó a depender de los cereales y los granos, el consumo de la sal disminuyó. Por eso se tuvo que desarrollar otros métodos para procurar la sal y añadirla a la dieta. Aquéllos que vivían cerca del mar usaban métodos de evaporación para obtener el mineral. Otros hallaban depósitos de agua salada, vertían la salmuera sobre carbones calientes para separar la sal del agua, y terminaban por rasparla de los carbones.

Una de las más fantásticas minas de sal del mundo es la gran mina de Wieliczka, situada cerca de Cracovia en Polonia. Se puede decir que la mina de Wieliczka es un mundo aparte. Cuando originó como mina, Wieliczka era meramente un lugar donde se recogía la sal que se encontraba suelta en la superficie. Los mineros acoplaban andamios que les permitían colgarse del techo, y así podían raspar la sal de las paredes. La sal caía dentro de los delantales de los mineros, y cuando se llenaban, ellos bajaban al suelo de la mina y vaciaban los delantales en canastas. Al final del proceso, las canastas se sacaban de la mina a lomo de mulas.

En el siglo XVI los mineros empezaron a ver en las paredes de la mina de sal de Wieliczka material para la escultura, y fue entonces cuando iniciaron la creación de un enorme y fantástico mundo subterráneo. Tallaron grandes capillas en sal, finamente detalladas, desde los grandes candelabros colgantes hasta los candeleros de los altares. En otros salones dentro de la mina, antiguas leyendas cobraron vida, dibujadas en relieves, que cubrían las paredes y contaban historias de héroes. La historia de Copérnico, el gran astrónomo polaco, también se contó allí de esta forma. Por toda la mina se pueden encontrar hermosas estatuas a lo largo de las fantásticas minas subterráneas que descienden nueve niveles bajo la superficie de la tierra. Hoy en día se puede visitar este sitio encantador. (página 251).

Cualquiera se podía enriquecer con una mina lucrativa. Por ejemplo, Nicolas Ledoux, un arquitecto francés del siglo XVIII, soñaba con una gran ciudad que sería construida con las ganancias obtenidas de las minas de sal de Arc-et-Senans, la cual estaba bajo el monopolio de la corona. Ledoux era amigo personal del rey Luis XVI, quién le permitió diseñar una ciudad de ensueño con grandes casas de paz y placer, templos dedicados a diosas, y una maravillosa vivienda para el director, ornamentada con inmensas columnas y flanqueada por dos enormes pabellones de donde se secaría la sal. Sin embargo, su fastuoso sueño tuvo un final abrupto cuando llegó la Revolución Francesa. Ledoux fue encarcelado debido a sus excesos, y pasó sus últimos días tras las rejas, soñando con la ciudad que la sal habría construido en la campiña francesa.

En este siglo, en Hutchinson, Kansas, EE.UU., una mina de sal común y corriente se empezó a usar de una forma nueva y creativa. La bien conocida capacidad de la sal para preservar la frescura de las carnes, los pescados, y los vegetales mediante un proceso de curación está siendo usada de una nueva forma bajo el suelo de esta mina. La mina se ha convertido en uno de los almacenes más grandes del mundo. Allí se guardan una cantidad incontable de tesoros de muchísimo valor para así preservarlos de los estragos causados por el paso de los años y los efectos de la luz. El aire seco y salado que llena el cavernoso mundo subterráneo del almacén es el preservante perfecto para todo tipo de cosas. Ediciones extraordinarias de películas clásicas de Hollywood, documentos empresariales esenciales, y variaciones únicas de productos agrícolas son tan sólo algunos de los muchos elementos que se pueden encontrar en los salones de la ahora inactiva mina de Hutchinson. Además, Hutchison es un lugar de descanso temporal para un número infinito de vestidos de novia. Sólo basta pagar una cuota anual, y la compañía que anteriormente dirijía la mina, ahora le guardará el vestido de novia por un período de veinte años, y dos décadas es más o menos el tiempo para que la siguiente generación esté lista para usar un vestido de novia añejado y perfectamente conservado.

EL YODO Y LA SAL

Hoy en día, la sal yodada es el tipo más popular de sal comprada por los consumidores en los supermercados. La compran sin siquiera saber para qué sirve el yodo en la sal. Pero en 1924 causó gran revuelo cuando el yodo fue añadido por primera vez a la sal.

El padre de la sal yodada fue David Marine. Marine y sus colegas estudiaron el bocio endémico en los Estados Unidos durante los primeros años de la década de los años veinte, y sobre todo en la región de los Grandes Lagos. Como resultado de sus pesquisas, Marine y sus colegas comprobaron el papel que juega el yodo en la eliminación del bocio endémico (también conocido como hipertiroidismo). Por eso pudieron convencer a la Sociedad Médica del Estado de Michigan que desarrollara una campaña para prevenir el mal por medio del uso de la sal yodada. Los productores de la sal cooperaron con el plan, y produjeron tanta sal yodada como sin yodar, poniéndola así al alcance de los consumidores en el año 1924. Además, las compañías productoras de sal cobraron el mismo precio por ambos tipos de sal. Por ende, la sal yodada estaba al alcance de todos y así la campaña contra del bocio se implementó fácilmente. Al mismo tiempo, una campaña pública fue iniciada para informarle al público acerca de los problemas que trae la deficiencia de yodo. La prensa se unió a la labor al urgirles a los lectores que usaran la nueva sal yodada.

En los años 1923 y 1924, Marine y sus colegas hicieron un estudio sobre el bocio en Michigan, y encontraron que el 39 por ciento de los 66.000 estudiantes encuestados habían tenido un crecimiento notable de las tiroides. Después de la instauración del programa de la sal yodada en Michigan, se llevaron a cabo nuevas encuestas en los años 1928, 1935 y 1951 para evaluar los resultados. Tan sólo en 1928 hubo una reducción del 70 al 75 por ciento en los casos de bocio endémico. Y ya para el año 1951, el mal fue casi eliminado. El programa tuvo tal éxito que el uso de la sal yodada se implementó por todo el país, y casi por sí solo, se eliminó el problema del bocio en los Estados Unidos.

Mientras que la deficiencia de yodo ha sido eliminada en los Estados Unidos y en la mayoría de los demás países desarrollados, es aún un problema serio en los países en vías de desarrollo. En 1990, durante la Cumbre Mundial sobre la Niñez, se declaró oficialmente que la deficiencia del yodo es un asunto de salud pública que tiene que resolverse. El Instituto de la Sal de los Estados Unidos y la Asociación de Productores Europeos de Sal están trabajando activamente y en forma conjunta para tratar de erradicar la deficiencia de yodo a través del uso de la sal yodada. Aún en una fecha tan reciente como 1997, un periódico importante reportó acerca de la prevalencia del bocio por toda la China debido a la falta de la sal yodada. Parece que las compañías chinas productoras de sal se han resistido ante el costo y el tiempo de trabajo que representa yodar la sal.

Cuando se le añade cualquier mineral a la sal, se le puede hacer llegar más fácilmente a la mayoría de la población. Por eso, el yodo no es la única sustancia que se le puede añadir a la sal. En Francia, México y Suiza, se le añade fluoruro a la sal para así prevenir problemas dentales. En el Egipto, la sal se enriquece con hierro.

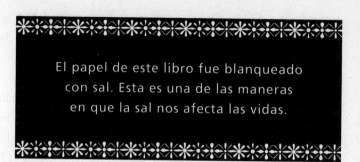

El papel de este libro fue blanqueado
con sal. Esta es una de las maneras
en que la sal nos afecta las vidas.

LA
SUPERSTICIÓN
Y LA SAL

S ólo basta con darle un vistazo al enorme léxico de las supersticiones para ver que la sal ocupa en él una gran cantidad de páginas. De hecho, la sal ha jugado un papel importante en muchas supersticiones, por lo menos desde la época en que se escribió el Antiguo Testamento. Se supone que las supersticiones acerca de la sal datan desde el comienzo de su uso en tiempos prehistóricos. Como instumento para asegurarle buena salud a un recién nacido, o para ayudar a los difuntos por el camino directo al cielo, la sal siempre ha jugado algún papel en casi todos los rituales relacionados con la superstición.

Debido a la importancia histórica que ha tenido la sal y el preponderante lugar que ocupaba entre los pueblos primitivos, siempre se le atribuyeron cualidades mágicas. Por eso, no nos debe sorprender que la sal fuera asociada a las supersticiones, ya que evitaba que la comida se pudriera, mantenía a la gente saludable y curaba las enfermedades.

Una de las supersticiones más conocidas acerca de la sal dice que si se derrama sin querer, ¡mejor tener cuidado! El regar sal significa mala suerte. A menos, claro está, que uno tire un poco de sal sobre el hombro izquierdo. De hecho, esta superstición data de tiempos tan remotos como 3.000 años a.C. Dado que la sal era tan valiosa, el regar el valioso artículo era el equivalente a la mala suerte. La costumbre de abrogar la mala suerte al lanzar sal sobre el hombro izquierdo era rutinaria entre los antiguos sumerios, egipcios, asirios, y más tarde, entre los griegos. Según una tradición, los buenos espíritus se encuentran detrás del hombro derecho y los malos detrás del siniestro. Por eso, si se lanza unos pocos granos de sal sobre el hombro izquierdo, le caerían en los ojos al espíritu malhechor, así interrumpiéndole cualquier maldad que estuviera haciendo. Otra creencia acerca de la sal regada dice que cada grano de sal equivale a una lágrima sin derramar. Sin embargo, si uno no quiere derramar tantas lágrimas, sólo basta con recoger la sal regada y inmediatemente lanzarla dentro de un horno, y así todas las lágrimas se secarán. Otra variación sobre el mismo tema da a entender que si la sal que uno está usando cae sobre otra persona sentada en la mesa, la desdicha le tocará a éste. Aún hoy, lejos de la época en la cual se veía a la sal como un elemento mágico, en muchos lugares del mundo se arroja sal sobre el hombro izquierdo para alejar la mala suerte.

En una de las pinturas más famosas del mundo, *La última cena* de Leonardo da Vinci, las efectos nocivos del mal uso de la sal le señala al espectador que algo funesto se aproxima. En dicha pintura, se ve que Judas Iscariota ha derramado la sal sobre la mesa, anunciando así su traición a Jesucristo. Aunque no hay ninguna evidencia bíblica que indique que la sal fue derramada durante la cena, Leonardo incorporó la conocida superstición para dramatizar aún más la escena. La sal derramada no es el único mal augurio de la afamada pintura. En ella aparecen trece hombres sentados en la mesa, el número tradicíonal de la mala suerte.

Muchos creen que la sal es una protección contra el mal. Si se lleva una bolsita de sal colgada al cuello, los malos espíritus se mantendrán lejos. Y para otros es bien sabido que lanzarle sal a un vampiro hará que se aleje.

Si uno necesita una pizca de sal para un pastel que empezó a hacer, se debe tener cuidado a quién se la pide prestada. Algunas tradiciones dicen que prestar o pedir prestadas la sal o la pimienta rompe las amistades. Si no le queda otro remedio que pedirle sal a la mejor amiga, que a la vez es vecina, debe recibirla como regalo y no prestada, ya que un préstamo de sal - según la superstición - sería el desenlace de la amistad.

Se dice que la sal tiene la propiedad de suplir la fuerza vital. Otra superstición habla de las consecuencias de darle sal a un desconocido. Si le da sal a alguien que no conoce y permite que se la lleve, según la superstición, éste se llevará una parte de su vida y su fuerza con él.

Existen supersticiones acerca de la sal por todo el mundo. Por ejemplo, en el Cercano Oriente, de acuerdo a las antiguas tradiciones árabes, se dice que si dos personas comen sal juntas, se establece un vínculo entre ellos. Esta antigua tradición se practica aún en nuestros días. Los árabes, por costumbre, todavía finalizan los negocios con sal, ya que ellos creen que así se sella el pacto. En el mundo árabe, si uno come sal en casa ajena se cree sería imposible que el anfitrión le haga daño hasta después de dejarla, y por supuesto, el invitado no le podrá hacerle daño al anfitrión tampoco. Aún existe la expresión árabe que dice, "Hay sal entre nosotros", que significa, tenemos un pacto de buena fé.

Los árabes no son el único grupo étnico que interpreta las supersticiones de la sal a su modo. Alrededor del mundo, la sal fue siempre vista como algo sagrado, y por ende, lo sagrado se volvió superstición.

Hay un antiguo libro irlandés sobre supersticiones que dice: "A los niños no bautizados se los llevan las hadas. La mejor manera de prevenirlo es amarrarle un poquito de sal a la ropa cuando se acuestan en la cuna". Otra antigua superstición compartida por los irlandeses y escoceses decía que la sal puede proteger tanto a los recién nacidos como a los difuntos. Por eso, en Escocia y en Inglaterra se le ponía varios puñados de sal sobre el pecho del muerto para purificarle el alma y protegerlo del mal.

Los hawaianos tenían otro uso para la sal en cuanto a los fallecidos. Una costumbre antigua les indica que rocíen sal sobre sus cuerpos al regresar de un entierro para evitar que los malos espíritus que acompañan a los muertos los siguieran a casa.

De hecho, en casi todos los países del mundo, la sal era vista como un amparo contra el mal. Lo único que variaba de país a país era contra qué tipo de mal protegía la sal. Por ejemplo, en el Japón se rociaba sal sobre sobre los escenarios para evitar que los espíritus maléficos embrujaran a los actores y así arruinaran las funciones teatrales. En Grecia, un poquito de sal sobre la lengua de un bebé era una ofrenada a los dioses para que protegieran a la criatura del mal. En la Europa medieval, la sal se regaba por las habitaciones para sacar a los espíritus malignos que pudieran estar merodeando por los rincones del domicilio. Y en muchos países a lo largo de todo el mundo, se regaba sal en el umbral de los nuevos hogares para que no entraran los maléficos.

El poder de la sal en Latinoamérica llegaba hasta a afectar lo que sucedería en el futuro. Por ejemplo, en México se creía que si la casa se quedaba sin sal, la desgracia pronto se apoderaría de ella. Sin embargo en Alemania, si una joven se olvidaba del salero al poner la mesa, era como si hubiera reconocido públicamente que ya no era virgen. Y en la Grecia antigua, para asegurarse que no le occuriera ninguna desgracia a los invitados, los anfitriones solían recibirlos con una pizca de sal.

La sal no era el foco de supersticiones sólo para la gente común y corriente, sino también jugaba un papel fundamental en muchas ritos religiosos. En la antigüedad, tanto los cristianos como los druidas empleaban la sal como instumento sacramental, y aún hoy se sigue usando en muchas ceremonias religiosas. Por ejemplo, los católicos le añaden sal al agua bendita antes que el sacerdote la bendiga. Esta antigua tradición se inició en la época cuando la sal era vista como una materia de valor excepcional.

La sal era la única sustancia que tenían las culturas primitivas para preservar la carne. Ya que la sal era tan poderosa, tal parecía ser magia, y por eso, era venerada. Antes de sacrificar los animales a sus dioses, los pueblos primitivos ungían las cabezas de las ofrendas con sal. En este caso no sólo se le veía a la sal como un notable obsequio para los dioses, sino que con la sal se aseguraba que el animal sacrificado estaría limpio y bien conservado.

Para los que veneraban el dios del sol, la sal también era un gran regalo que provenía de su poderoso dios. Ellos veían como el sol secaba el agua del mar, dejándoles sal en lugar del agua; un obsequio singular que les enviaba el dios del sol. La infinita generosidad de la sal recogida del agua evaporada del océano llevó a los fieles del dios solar a creer que realmente estaban bajo el amparo de esa deidad.

Entre los pueblos indígenas americanos, los dioses y diosas relacionados con la sal solían ser los más notables del panteón. Por ejemplo, el pueblo hopi creía en una poderosa divinidad que además tenía la doble función de dios de la sal y de la guerra. Para ellos, este dios era uno de los entes más importantes de su universo. Mientras tanto, el pueblo navajo hizo de la diosa de la sal una mujer muy poderosa y santa. Y los aztecas incluyeron a su diosa de la sal como una de las cuatro deidades más importantes, que eran a su vez, las entidades más significativas de su universo.

También los hebreos hacían ofrendas de sal a Jehová. Durante el tiempo de la recolección, se le ofrendaba sal a Jehová, dándole gracias por la cosecha y también para asegurarse que habría buenas cosechas en el futuro. Los druidas usaban la sal en los sacrificios de Stonehenge (Inglaterra) como símbolo de las dádivas de frutos que daba la tierra.

La Biblia contiene 32 referencias a la sal—desde su uso en el bautismo hasta la famosa historia de Lot. A Lot y a su familia se les permitió huir de Sodoma antes que la ciudad fuera calcinada como castigo por su corrupción, pero sí fueron instruidos de antemano no mirar hacia atrás después de su salida. Sin embargo, la mujer de Lot no acató la advertencia, y por ende, se convirtió en estatua de sal.

Mientras que muchas de los ritos religiosos y supersticiones del pasado ya no se practican ni se recuerdan, el lugar importante que la sal alcanzó en la historia aún vive en los dichos que le dan sabor al idioma que hablamos. Por ejemplo, todo hispanohablante conoce los vocábulos "salación", "salar", y "salado", y la importancia que tienen en el idioma y la cultura.

Mientras que algunos dichos relacionadas a la sal están en vías de extinción, otros se siguen usando por personas que no conocen su mensaje original. "Pásame la sal, pásame tristezas" es un viejo dicho que se basa en la creencia que si se le pasa la sal a otra persona en la mesa, la sal le traerá mala suerte a éste. Hoy en día, la sal es el condimento que más se pasa de uno a otro en las mesas, y cuando se pasa, se hace ignorando lo negativo que era pasar la sal para tantas personas por todo el mundo. ¡Sabrá Dios si la sal, de veras, ha *salado* discusiones en la mesa o ha echado a perder muchísimas comidas!

"Él ni siquiera vale su sal", es una frase que aún se usa en los países anglohablantes cuando se quiere calificar la incompetencia de un individuo. Existe un debate acerca de dónde proviene esta expresión. Algunos dicen que originó en la Grecia antigua, donde la sal se cambiaba por esclavos. Cuando los esclavistas griegos no estaban contentos con los esclavos, solían decir que éstos no valían ni la sal que habían pagado por ellos. Otros dicen que la frase viene de *El satiricón*, escrito por el romano Petronio. Al usar la frase, Petronio se estaba burlando de los soldados romanos, a quienes se les pagaba parte del salario en sal, queriendo dar a entender que les pagaban más de lo que se merecían.

En inglés, cuando uno dice que alguien está "por debajo de la sal", lo que quiere decir es que ese alguien es una persona de clase baja. En las casas de la nobleza europea, se solía poner un gigantesco salero en el mismo medio de la mesa, así dividiendo a todos en la mesa según su nivel socioeconómico. Los de clase más alta se sentaban hacia la cabecera de la mesa, mientras que los pertenecientes a las clases más bajas se sentaban al otro lado del salero. En otras palabras, éstos se sentaban "por debajo de la sal". Aunque esta frase no se usa tanto hoy como otras, se sigue diciendo de vez en cuando, aunque su significado ya no tiene el mismo valor en el mundo contemporáneo.

Si a uno le tienen gran estima, suelen decir que es como "la sal de la tierra". Y si vamos a "tomar algo con un grano de sal", quiere decir que debemos ponerlo en su justa perspectiva antes de juzgarlo. Por lo tanto, mientras lea sobre estas supersticiones, que han sido tan respetadas por siglos, tómelas *con un grano de sal* y continúe.

LA SAL: SUS USOS ALTERNATIVOS EN LA CASA

L a sal puede resolver muchos problemas caseros. No sólo es una alternativa muy efectiva para algunos productos tal como los pesticidas, agentes limpiadores y productos de belleza, sino también es una alternativa económica. La sal penetra y limpia manchas,—como la sangre—que muy pocos limpiadores logran quitar. Además, sus grandes cualidades como preservativo hace que se fijen los colores en cosas como las flores de seda y telas de colores brillantes. Precisamente por tener la sal cualidades destructivas en sí, se puede usar en la prevención del crecimiento de hierbas en rincones, y también en las grietas de las baldosas del patio, en casas de ladrillo, además de quitar olores y gérmenes en la cocina y en las tablas de madera para picar. Desde pesticida natural, hasta suavizante de piel, los usos y alternativas de la sal son abundantes. Por lo tanto, la próxima vez que tenga un problema casero para el cual no conozca la solución, busque en este cómoda guía, y lo más probable sea que encuentre la solución a su problema con la sal.

PARA ALIVIAR LA CONGESTIÓN

En lugar de confiar en atomizadores nasales comprados o gastar dinero comprando cajas y cajas de pañuelos faciales, la próxima vez que tenga la nariz congestionada, use esta alternativa natural y efectiva. Enjuagar con agua salada ayuda a romper la congestión de la mucosa local, mientras quita el polvo, las bacterias y partículas virales de la nariz antes que el resfrío se vuelva más serio. Mezcle ¼ cucharadita de sal y ¼ cucharadita de bicarbonato de soda en 8 onzas de agua tibia. Use una jeringa de bulbo para introducir chorros de agua en su nariz. Mantenga cerrada una fosa nasal mientras introduce chorros de agua salada por la otra. Deje escurrir. Repita 2 ó 3 veces y luego trate la otra fosa nasal de la misma manera. Repita varias veces al día. No comparta su jeringa y asegúrese de lavarla con agua caliente después de cada uso.

ALIVIO PARA EL DOLOR DE GARGANTA

Hacer gárgaras con agua salada es una alternativa más efectiva que estar chupando pastillas, y además, el efecto temporal se siente de inmediato. En una taza de agua tibia disuelva 1 cucharadita de sal. Eche la cabeza para atrás y dele vueltas al líquido en la parte de atrás de su garganta, humedeciéndola y así trayendo un alivio temporal. Repita esto 4 veces al día.

CUIDADO PARA EL PIE DE ATLETA

El pié de atleta es causado por hongos y levaduras, y suele presentarse en climas cálidos y húmedos. El uso de calcetines de algodón natural, ayuda a prevenir el crecimiento de los hongos, pero hay que tomar otras medidas para solucionar el problema. A una palangana o platón con agua tibia añada un puñado de sal y revuelva bien. Remoje de 10 a 15 minutos cada vez los pies en el agua salada. Esto ayudará a matar los hongos, y además, suavizará la piel para que la medicación antimicótica penetre mejor.

GOTAS PARA LA NARIZ DEL BEBÉ

Para los bebés de dos años o menos que tengan la nariz tapada, se puede usar una solución de agua con sal para aliviar con seguridad la congestión. Para hacer la solución salina, disuelva en 8 onzas de agua tibia ¼ cucharadita de sal. Ponga 2 gotas en cada fosa nasal antes de acostar a dormir el bebé o antes de comer y luego, con una pera de goma, succione suavemente la solución salina y la mucosidad. Es importante no usar este tratamiento más de seis veces al día.

ALIVIO PARA EL DOLOR DE LOS PIES

Al final de un día duro, no hay nada más maravilloso que un baño caliente para calmar y refrescar un par de pies cansados. Puede crear su propia y poco costosa hidroterapia para los pies usando 1 puñado de sal ordinaria de mesa, en un platón o palangana, con agua calentada a temperatura que le sea agradable. Es más revitalizador que un sencillo baño de agua caliente. Obra maravillas en pies adoloridos.

LA REHIDRATACIÓN

Para cualquiera que haya sufrido alguna vez de un ataque severo o aún leve de la enfermedad del viajero, la pérdida de líquidos y electrolitos del cuerpo es un efecto colateral debilitante y potencialmente peligroso de la diarrea y vómito persistentes.

Para prevenir la deshidratación y mantener el equilibrio de los electrolitos, es necesario reemplazar la pérdida de sal y de líquidos en el cuerpo, bebiendo una solución de agua con sal común y azúcar. En 1 litro de agua, añada 1 cucharadita de sal y 4 cucharaditas de azúcar. Tome 1 pinta de esta solución cada hora.

PARA BAJAR LA HINCHAZÓN DE LOS OJOS

Si ha tenido un terrible episodio de lágrimas o simplemente no pudo dormir lo suficiente, para darle al rostro esa apariencia fresca y descansada, este reductor de ojeras o hinchazones será de gran ayuda, especialmente si tiene una entrevista de trabajo o cualquier otra cita importante. Mezcle 1 cucharadita de sal en ½ litro de agua caliente y aplique compresas empapadas en la solución en las zonas hinchadas alrededor de sus ojos.

BAÑO PARA OJOS

Las personas que usan lentes de contacto saben del alivio que produce bañar los ojos con solución salina. Se sienten de inmediato revitalizados porque las lágrimas en sí son realmente agua salada. En ½ litro de agua mezcle ½ cucharadita de sal y luego. Con un gotero, hágase un baño de la solución a los ojos cansados.

LÍQUIDO PARA LENTES DE CONTACTO DUROS

Si encuentra que se le ha terminado el líquido para lavar los lentes de contacto duros, es probable que en la alacena de la cocina, encuentre los ingredientes necesarios para limpiarlos, hasta que tenga la oportunidad de reemplazarlo. En un recipiente estéril, mezcle bien ¼ cucharadita de sal, ¼ cucharadita de bicarbonato de soda y 1 taza de agua hervida y bata hasta que el bicarbonato y la sal se disuelvan. Vierta la solución a través de un filtro de papel para café, para así retener cualquier partícula no disuelta, y guárdelo en un frasco estéril con gotero.

PARA ALIVIAR LA PIEL ÁSPERA Y AGRIETADA

Se puede usar la sal ordinaria de mesa para preparar una crema de uso diario que alivie la piel. Para suavizar la piel áspera en sitios problemáticos como los pies, las rodillas y los codos, combine ¼ taza de sal, ¼ taza de sales de Epsom, y ¼ taza de aceite vegetal y dese un masaje con la pasta resultante en la piel por varios minutos. Luego que la crema le ha refrescado la piel, puede retirarla con un baño o en la ducha.

PARA QUITAR LA PIEL SECA

La sal sirve como abrasivo para quitar la piel escamosa y seca. Luego del baño y cuando todavía está mojado, hágase un masaje con sal seca sobre una esponja, toalla, o piedra pómez. Quitará todas las partículas de piel muerta, exponiendo la piel radiante que estaba por debajo, y a la vez, ayudando a la circulación.

PARA APLICARSE UN FACIAL

Con la sal se puede crear una mezcla revitalizadora excelente para hacerse un facial en casa. Primero, lávase la cara y aplíquese toallas húmedas y calientes a la piel. Luego, aplique la solución hecha con la mezcla a partes iguales de sal y aceite de oliva, y dese un masaje suave al rostro y al cuello con palmaditas largas, hacia arriba y hacia adentro. Retire la mezcla después de 5 minutos y enjuague. Aplique su loción preferida.

PARA LIMPIARSE LOS DIENTES

Una buena alternativa a las pastas dentales de marca que se consiguen en el supermercado, las cuales generalmente contienen azúcar y otros ingredientes edulcorantes, es una mezcla de sal y bicarbonato de soda. Mezcle 1 parte de sal, después de haberla pulverizado en un procesador o por medio de un rodillo sobre una tabla de cocina, con 2 partes de bicarbonato de soda. Blanquea, ayuda a remover la placa y es sano para las encías.

COMO ENJUAGUE BUCAL

El enjuague bucal casero y natural se puede hacer con unos ingredientes sencillos sacados del mueble de su cocina. En ½ taza de agua, ponga 1 cucharadita de sal y 1 cucharadita de bicarbonato de soda y enjuague o haga gárgaras. Es un enjuague que le endulzará el aliento. Para los que prefieren el sabor a menta, añada unas gotas de extracto de menta a la solución. Este enjuague es bueno sobre todo para las personas que recientemente han tenido algún tratamiento dental o cualquier herida en la boca o en las encías.

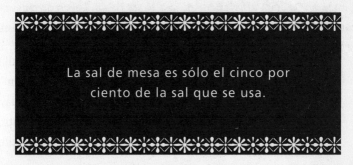

La sal de mesa es sólo el cinco por
ciento de la sal que se usa.

PARA EVITAR QUE NO SE CORRAN LOS PUNTOS DE LAS MEDIAS

No hay nada tan molesto como comprar un par de medias nuevas y que se corran cuando se las está poniendo por primera vez. Para prevenir que se corran en cualquier momento, lave las medias nuevas y déjelas escurrir hasta que se sequen. Luego, en 1 galón de agua, mezcle 2 tazas de sal y sumerja allí las medias. Remoje por 3 horas, enjuague en agua fría y déjelas escurrir hasta que se sequen.

PARA LA PIEL SECA

La sal sirve para realmente aliviar la piel seca. A la bañera llena de agua tibia, agregue ½ taza de sal para hacer un baño medio salado. Esto le ayudará también con cualquier dolor o molestia que tenga. Para terminar el tratamiento, aplique crema humectante a todo su cuerpo para rehidratarse la piel.

PARA LA RASQUIÑA

Para la piel que está agrietada o con rasquiña por un sinnúmero de razones (hiedra venenosa, picadura de insectos, alergias, peladura de la piel después de quemaduras de sol), bañarse en agua salada es sanador.

A un baño de agua tibia, añada de ½ a 1 taza de sal. Luego de bañarse, frótese con gel de aloe vera o cualquier otro gel o crema refrescante para un alivio inmediato.

PARA EL CUTIS GRASOSO

La sal puede usarse para restaurar un equilibrio saludable a su piel y para exfoliar la piel grasosa de una forma natural, sin usar productos que están llenos de sustancias químicas artificiales. Para comenzar el tratamiento, lo único que tiene que hacer es abrir bien los poros, aplicándose una toalla húmeda y caliente al rostro por 5 minutos, más o menos. Llene una botella con atomizador con agua tibia y 1 cucharada de sal rocíese el la y rostro con séquese la solución. Luego, cara con una toalla limpia. Este tratamiento le dejará la piel fresca, sin que se sienta ni muy seca ni muy grasosa.

Debido al calor, los que viven en climas cálidos pierden demasiada sal en el sudor. Por eso necesitan ingerir más sal de lo normal.

PARA LA
LIMPIEZA
DEL BAÑO

LIMPIADOR PARA EL DRENAJE DEL BAÑO

Para ayudar a disolver la nata de mugre y pelo que obstruye las cañerías del lavamanos y de la bañera y que hace que funcionen mal, vierta en la cañería una mezcla de 1 taza de sal, 1 taza de bicarbonato de soda y 1 taza de vinagre blanco. Déjela allí por 15 minutos y luego vierta 2 litros de agua hirviendo. Continúe con agua caliente por 1 minuto más. El proceso se puede repetir si es necesario.

QUITAMANCHAS PARA LA PORCELANA

Esos preciosos lavamanos y bañeras de porcelana coloreada pueden mancharse con marcas de agua y otras sustancias que son difíciles de quitar sin dañar el terminado de las superficies. Este suave polvo blanqueador ayudará a quitar las manchas sin dañar las superficies. Mezcle 1 taza de sal con 1 taza de bicarbonato de soda y póngalos dentro de un recipiente sellado para uso continuo. Use la mezcle de la misma forma en que usaría cualquier otro polvo blanqueador.

PARA LA BAÑERA MANCHADA

Después de unos años de uso, hasta el ama de casa más limpia encontrará que la bañera se ha ido amarilleando y presenta algunas manchas difíciles de color café, producidas por el óxido y otros minerales del agua. Para quitar esta coloración, en la bañera o en el lavaplatos, frótelos con una solución a partes iguales de sal y trementina. Asegúrese de usar guantes de goma, de mantener abiertas las ventanas del baño o cocina, y por último, enjuague bien después de haber sacado las manchas.

EN EL ARMARIO DE LA LIMPIEZA

POLVO BLANQUEADOR SUAVE

Este polvo blanqueador suave funciona tan bien como cualquier blanqueador comercial. Está dentro de los más suaves para limpiar manchas de lavaplatos de porcelana coloreada y mesones de cocina con superficies que se pueden rayar fácilmente. Mezcle bien 1 taza de sal con 1 taza de bicarbonato de soda. Póngalo en un recipiente cerrado y téngalo a mano, junto con los demás producto de limpieza.

PARA LAS ALFOMBRAS CON MANCHAS DE GRASA

Si tiene problemas con los chicos desordenados o con vagos el sofá y el tapete, la sal que suelen dejar caer comida y manchar de mesa puede ser de gran ayuda y muy efectiva para quitar la grasa de la alfombra, y así volverla a la normalidad. La solución limpiadora puede hacerse mezclando 1 parte de sal por 4 partes de alcohol antiséptico. Frote fuertemente la mezcla sobre la mancha, teniendo el cuidado de frotar en el mismo sentido en que va la trama la alfombra para que no se dañe mientras limpia la mancha.

PARA QUITAR LA SALSA DE TOMATE DERRAMADA
SOBRE UNA ALFOMBRA DE NILÓN

La salsa de tomate y otras salsas que también contengan tomate pueden formar manchas difíciles sobre las alfombras corrientes. La sal ayudará a que la mancha no penetre en la alfombra de forma permanente. Después que la salsa se ha derramado, cubra la mancha con sal en cantidad suficiente como para que absorba la mancha lo más rápidamente posible. Quite el exceso de sal y repita las veces que sea necesario, hasta que la mancha se desaparezca. Termine por limpiar la mezcla sobrante con la aspiradora. Use una esponja húmeda para terminar de limpiar cualquier rastro que quede en la alfombra.

EL VINO TINTO DERRAMADO

Entre las manchas más difíciles de quitar se encuentra la del vino tinto. Pero la sal sí puede hacer que se olvide del vino que sirvió en su última invitación a comer. Una vez que el vino se ha derramado sobre la alfombra, dilúyalo con vino blanco. Luego limpie la mancha con agua fría y cúbrala con sal de mesa. Espere 10 minutos y limpie la mezcla que quedó de sal y vino con la aspiradora.

EL COBRE

El brillo lustroso original del cobre se puede restaurar al quitar la pátina verde que se produce cuando se oxida. Para hacer una solución limpiadora, combine 1 cucharada de sal, 1 cucharada de harina, y 1 cucharada de vinagre. Frote la mezcla sobre la superficie del cobre y enseguida lávela con agua jabonosa caliente. Enjuague con agua limpia y seque con un trapo suave antes de comenzar a pulir hasta obtener el brillo original.

Otra forma igualmente efectiva para utilizar la sal en la limpieza del cobre es cortar un limón a la mitad y untado con sal, frotar con él la superficie de cobre. Lave con agua jabonosa, enjuague, seque y pula.

EL BRONCE

Sus candelabros preferidos, los implementos de la chimenea, el pasamanos y las perillas de las puertas pueden retomar su brillo original combinando 1 cucharada de sal, 1 cucharada de harina y 1 cucharada de vinagre. Aplique la pasta con un trapo suave y frote hasta que todas las manchas hayan sido removidas. Enseguida lave con agua jabonosa caliente, enjuague con agua corriente, seque y pula para sacar el brillo.

EL MIMBRE

Con la sal se puede alargar la vida útil de sus muebles de mimbre del patio, canastos o cualquier otro elemento de mimbre tejido. Para prevenir que se amarillee, restriegue el mueble de mimbre con un cepillo duro, empapado en agua salada, y luego deje que se seque al sol.

EL MARFIL AMARILLENTO

Cualquier objeto hecho de marfil, como las teclas del piano, se pueden limpiar con la sal. Corte un limón a la mitad, rocíelo con sal, y frótelo sobre las superficies de marfil. Deje secar, limpie el objeto con un trapo suave y frote para secar, de manera que le dé un terminado brillante.

PARA LOS UTENSILIOS DE COCINA QUEMADOS

La sal funciona como un abrasivo efectivo contra las quemaduras de los utensilios de cocina, y como es natural, luego no tiene que preocuparse por los residuos químicos que pueda dejar. Humedezca el punto quemado, rocíelo con sal, déjelo por 10 minutos y restriegue bien.

PARA LAS TAZAS MANCHADAS DE CAFÉ O DE TÉ

Mientras muchos restaurantes usan blanqueadores para despercudir las vajillas manchadas por el café o el té, hay una alternativa más saludable: usar la sal. Simplemente frote estas manchas difíciles con una esponja untada con sal; si se necesita un limpiador más fuerte, use una mezcla con partes iguales de sal y vinagre blanco, y así quitará esas terribles manchas de café de los pocillos y tazas de color claro o brillante.

MUEBLES MARCADOS POR ANILLOS DEJADOS POR TAZAS O VASOS

Cuando los invitados ignoran los portavasos que usted ha sacado desde el comienzo, y luego encuentra las marcas de vasos sobre las superficies de las mesas, no puede remover estas manchas con nada más que la sal. Use 1 pizca de sal de mesa y 1 gota de agua. Aplíquelo a la mancha con la punta de un trapo o una esponja. Frote hasta que la mancha desaparezca. Termine con su pulidor de muebles acostumbrado para restaurar el brillo de la madera.

MANCHAS DE TINTA LÍQUIDA

Un bolígrafo que mancha el bolsillo de la camisa o el pantalón puede arruinar una pieza de ropa fina. Si la tinta aún está húmeda, cúbrala con sal y suavemente presione sobre la mancha, tratando de no extenderla por el área limpia. Cepille después de unos minutos y repita si es necesario.

LOS JARRONES MANCHADOS

Los floreros se manchan fácilmente con un tono color café dejado por las flores que duran mucho tiempo sin cambiar el agua. El agente blanqueador perfecto para quitar esas manchas es simplemente la sal. Para quitar las de agua, frote con sal. Si el florero es demasiado angosto y no alcanza a restregar el interior, llénelo con una solución fuerte de sal y bátalo hasta que las manchas se desaparezcan. Termine lavando como de costumbre.

PARA RESTREGAR LAS TABLAS DE PICAR, OLLAS Y LOS SARTENES

Los utensilios de cocina a menudo necesitan de una limpieza profunda, pero es un problema cuando se está conciente de los productos químicos que contienen los limpiadores y que pueden quedar en las superficies sobre las que preparamos los alimentos o donde los comemos. La sal húmeda es un excelente agente limpiador para los utensilios de cocina y más seguro que los limpiadores químicos. Simplemente use la sal húmeda sobre una esponja o cualquier otro elemento de limpieza y restriegue como siempre lo hace.

PARA LAS JARRAS DE VIDRIO PARA CAFÉ

Si alguna vez ha trabajado en un restaurante que sirve mucho café, debe conocer este truco que hace que las jarras se vean siempre frescas y nuevas. Este viejo método de limpiar ha sido y sigue siendo el más usado por camareros y camareras de todo el mundo. Lo que hay que hacer es poner dentro de la jarra 2 cucharadas de sal, suficiente hielo para cubrir el fondo y el jugo de 1 limón, además de los trozos de un limón cortado. Se bate el contenido en forma circular, hasta que las manchas de café se despeguen de la superficie de vidrio. Las manchas y los residuos quemados de café se desprenden enseguida. Al terminar, desocupe el contenido de la jarra y lave como lo hace siempre.

PARA LIMPIAR LOS DERRAMES EN EL HORNO

La sal es una excelente alternativa para limpiar el horno, en vez de los limpiadores químicos tóxicos y con un olor espantoso que se usan siempre. Cuando algo que se está cocinando en el horno y se burbujea y derrama, rápidamente rocíe la mancha con sal, para evitar que se pegue a la superficie. Luego el derrame será fácilmente retirado con una toalla de papel.

PARA LIMPIAR LOS ENGRASADOS

La sartén de hierro más grasosa se podrá lavar fácilmente si pone un poquito de sal en ella y restriega la superficie con una toalla de papel. Luego lave como acostumbra.

PARA LIMPIAR LOS QUEMADORES DE LA ESTUFA

Tal como la sal limpia el interior del horno, también limpiará los quemadores de la estufa. Rocíe sal sobre el derrame, mientras los fogones están aún calientes. Cuando seque, quite las manchas saladas con un cepillo duro o un trapo. La sal también ayuda a quitar el olor indeseable que resulta de la comida regada en el horno o en la estufa.

PARA LIMPIAR LOS REFRIGERADORES

El agua de soda y la sal le limpiarán y refrescarán el interior del refrigerador. La ventaja de usar esta mezcla es que al ser naturalmente no abrasiva, no dañará la delicada superficie interior del refrigerador. Por ser natural, no contaminará la comida almacenada con olores químicos ni vapores.

PARA LA VAJILLA DE PLATA MANCHADA

El simple hecho de frotar con sal las manchas de los objetos de plata antes de lavarlos como acostumbra ayudará a limpiar la plata manchada.

PARA ALARGAR LA VIDA DE LA ESCOBA Y EL CEPILLO

Para alargar la vida de las escobas y los cepillos, remójelos en agua salada caliente antes de usarlos por primera vez. Agregue 1 taza de sal a un balde lleno de agua hirviendo y empape los cepillos y las escobas nuevas en la solución. Una vez que termine, use lo que queda del líquido para renovar las esponjas viejas.

PARA RENOVAR LAS ESPONJAS

La esponja del fregadero y la cabeza del trapero suelen volverse muy sucios antes de que sea hora de cambiarlos. Renueve las esponjas y traperos dándoles, empapándolos en agua salada una vez que han sido bien lavados. Use más o menos ¼ taza de sal por cada litro de agua para hacer la solución.

CÓMO HACER UN AMBIENTADOR CASERO

Puede hacer su propio ambientador casero, natural y poco costoso con sal de mesa y naranjas o limones. Corte una naranja o limón a la mitad, saque la pulpa y llene la cáscara con sal. Obtendrá una agradable esencia aromática.

PARA LIMPIAR LOS ACUARIOS

La superficie del vidrio de los acuarios que tenemos en casa, se puede opacar y descolorizar. Use esta solución de sal para limpiar la superficie del tanque. Para quitar los depósitos de agua dura, frote la parte interna del tanque con una esponja o trapo rociado con sal. Luego, enjuague antes de devolver los peces al tanque. Use sal simple sin yodo.

PARA QUITAR EL HOLLÍN

Cuando pensamos en quitar el hollín la chimenea como en el pasado, debemos recordar que el hollín que se forma dentro de ella puede causar incendios peligrosos. De vez en cuando ponga un puñado de sal en las llamas del lar y le ayudará a desprender el hollín que se forma dentro de la chimenea. La sal también encenderá una llama amarilla brillante preciosa.

CÓMO HACER DESODORIZANTE PARA LOS ZAPATOS

Todos los que usan zapatos de lona de verano saben que estos pueden humedecerse y tomar mal olor de los pies sudorosos. Rociar ocasionalmente un poquito de sal dentro de los zapatos de lona quitará los olores y secará la humedad.

PARA EVITAR QUE LA COMIDA SE PEGUE

Frote la sartén de los panqués con una pequeña bolsa de sal para evitar que se peguen o se ahumen. Rocíe un poquito de sal en la sartén antes de freír el pescado para evitar que se pegue. Rocíe sal sobre las sartenes o las placas de hierro para *waffles* (barquillos), cuando están recién lavadas. Caliéntelos un poco en el horno y luego limpie la sal. Cuando se vayan a usar de nuevo, la comida no se le pegará.

PARA EVITAR QUE LE SALGA MOHO AL QUESO

La sal se puede usar con éxito para alargar la vida del queso y para evitar que le salga moho dentro de su refrigerador. Envuelva el queso en un trapo humedecido con agua salada antes de ponerlo en el refrigerador.

CUANDO SE BATE CREMA O CLARAS DE HUEVO

Si le añada 1 pizca de sal, la crema batirá mucho mejor de lo acostumbrado. Si le agrega 1 pizca de sal a las claras de huevo antes de empezar a batirlas, también batirán mejor o más alto y quedarán más firmes.

CÓMO MANTENER LA LECHE FRESCA

La sal ayuda a mantener fresca por más tiempo la leche y la crema, y previene que estos productos lácteos se dañen. Agregue 1 pizca de sal a

la leche y a la crema, para alargar la fecha de vencimiento de estos productos en su refrigerador.

PARA CUAJAR LA GELATINA

$\mathcal{S}$i ha comenzado un poco tarde a enfriar la ensalada de gelatina para
tenerla lista cuando lleguen los invitados, use este truco para acelerar un
poco las cosas. Para que las ensaladas y los postres con gelatina cuajen
más rápido, póngalos sobre hielo rociado con un poco de sal.

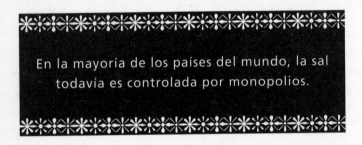

En la mayoría de los países del mundo, la sal
todavía es controlada por monopolios.

CÓMO QUITAR EL OLOR A CEBOLLA DE LAS MANOS

$\mathcal{U}$na vez que los ha picado, los olores a cebolla y a ajo pueden per-
manecer en sus manos por largo tiempo. Frótese los dedos con sal
humedecida y con vinagre, y se dará cuenta que esta mezcla actúa como
un desodorante natural para las manos y la cocina.

CÓMO QUITAR LOS MALOS OBRES
DE LOS RECIPIENTES

$\mathcal{L}$a sal puede desodorizar termos, decantadores y recipientes cerra-
dos. Llene el recipiente con agua tibia y agregue una cucharadita de sal
o más; todo depende del tamaño del recipiente. Déjelo reposar, más o
menos por 1 hora, o durante toda la noche si el olor es muy fuerte, y
luego lave como acostumbra, con jabón y agua tibia.

PARA MEJORAR EL SABOR DEL CAFÉ

Un antiguo truco europeo para mejorar el sabor del café es el de adicionar 1 pizca de sal. Ponga la pizca de sal con el café en el filtro antes de procesarlo. Mejorará el sabor. También puede quitarle el sabor amargo al café recalentado, agregando 1 pizca de sal a su taza.

PARA MEJORAR EL SABOR DE LAS AVES

La sal mejora el sabor de las aves y se puede usar aún antes de cocinarlas. Para mejorar el sabor de cualquier ave, frótele sal por dentro y por fuera antes de asarla.

PARA QUITAR LOS CAÑONES DE LAS PLUMAS

Para quitar fácilmente los cañones de las plumas en los pollos, patos, o gansos, frote primero el cuero del ave con sal y después arránquelos.

PARA PELAR LOS HUEVOS

Encontrará que los huevos duros se pelan mejor si les añade un poquito de sal. Al agua hirviendo agréguele 1 o 2 pizcas de sal, antes de poner en ella los huevos.

PARA LOS HUEVOS ESCALFADOS

Las claras de los huevos escalfados se mantendrán unidas más fácilmente añadiendo un poquito de sal. Antes de poner los huevos en el agua hirviendo, agréguele 1 pizca de sal; le mantendrá firmes las claras.

PARA SABER CUÁN FRESCOS ESTÁN LOS HUEVOS

Si tiene huevos que han estado demasiado tiempo en el refrigerador, puede usar la sal para examinar su frescura. Ponga el huevo que está en duda en una taza de agua a la que ha agregado 2 cucharaditas de sal. Un huevo fresco se hunde; el que está en duda flota.

PARA EVITAR QUE LAS FRUTAS SE NEGREEN

Es muy molesto ver como algunas frutas y vegetales se negrean tan pronto como han sido cortadas. Tan pronto como corta las peras, manzanas y papas, déjelas caer en agua fría ligeramente salada y verá como el color se mantiene más tiempo.

PARA DESCASCARAR LAS NUECES DE PACANA

Encontrará que las cáscaras de la nuez de pacana se pueden quitar más fácilmente usando la sal. Empape las nueces de pacana en agua salada por varias horas antes de descascarar. Hará las semillas más fáciles de sacar.

PARA LAVAR LAS ESPINACAS

La arena en las espinacas y en otras verduras recién recogidas del jardín es más fácil de quitar con la sal. Si lava las verduras en agua salada, no necesitará lavar repetidamente.

CÓMO EVITAR QUE LOS POSTRES SE AZUCAREN

Los postres glaseados también pueden ser mejorados con un poquito de sal. Un buen truco para evitar que la cubierta de los postres se vea vieja es agregar un poco de sal al glaseado. Esto evitará que se azucare.

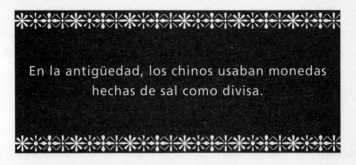

En la antigüedad, los chinos usaban monedas hechas de sal como divisa.

PARA DARLE NUEVA VIDA A LAS ENSALADAS

Cuando tiene invitados que atender, puede aliviar un poco la carga. Usted puede preparar las ensaladas en avance de la reunión, confiando en el saber que salándolas las mantendrá frescas por más tiempo. Si le agrega 1 pizca de sal a las ensaladas, mejorarán la textura. Simplemente sale las ensaladas al gusto inmediatamente antes de servir, para evitar que la lechuga y las otras verduras se marchiten.

PARA MEJORAR LAS PAPAS HERVIDAS

La textura de las papas recién hervidas mejora con la sal. Después de escurrir las papas hervidas, cúbralas con sal, devuélvalas a la olla y sacúdalas un poco para quitar el exceso de agua.

PARA EVITAR QUE EL AJO SE PEGUE
AL CUCHILLO DE PICAR

Cuando esté picando ajo, rocíe sal a la tabla de picar y al diente de ajo también. La sal actúa como un abrasivo, evitando que el ajo se pegue al cuchillo de picar.

CÓMO QUITAR LOS MALOS OLORES DEL TRITURADOR DE BASURAS

Puede beneficiar el triturador de basuras del fregadero de la cocina con una limpieza con sal de vez en cuando. La sal se usa para limpiar y refrescar el triturador de basuras rápida y fácilmente. Vierta ½ taza de sal directamente en el triturador de basuras y luego abra el agua y encienda el triturador como acostumbra.

COMO EXTINGUIDOR DE INCENDIOS DE LA ESTUFA

Si hay un incendio sobre la estufa, lo primero que debe hacer es apagar el quemador, deje la olla donde esté y baje un poco las llamas con la tapa. En muchos casos sólo hace falta hacer eso para apagar el incendio. Si no es así, apague el fuego con puñados de sal.

PARA QUITAR LOS MALOS OLORES DE LA TABLA DE PICAR

La sal trabaja bien para quitar los olores difíciles de las tablas de picar, como los que dejan el ajo y la cebolla. Vierta una cantidad generosa de sal sobre la tabla de picar. Frote suavemente con un trapo húmedo. Lave en agua tibia jabonosa y la tabla de picar le quedará limpia y fresca, lista para la próxima comida.

PARA LIMPIAR HUEVOS DERRAMADOS

No hay nada peor que recoger un huevo que se ha roto en el suelo de la cocina o sobre el mesón. Se puede usar la sal para que ese tipo de reguero resbaloso sea más fácil de limpiar. Vierta la sal sobre el derrame hasta cubrir todo el huevo. Luego, recoja con una toalla de papel, y termine lavando la superficie como acostumbra.

EN LA LAVANDERÍA

PARA EVITAR QUE LA PLANCHA NO SE PEGA

Puntos pegajosos en la plancha pueden destruir una camisa blanca o cualquier otra prenda. La sal sirve para quitar esos puntos que parecen alquitrán de la superficie de la plancha. Rocíe un poquito de sal en un pedazo de papel y pase la plancha caliente por encima. Así se quitarán esos puntos ásperos y pegajosos. Repita si es necesario, hasta que la sustancia problemática desaparezca por completo.

PARA REFRESCAR EL LAVADO Y NO PERMITIR QUE LA PLANCHA SE PEGUE

Se sorprenderá de la mejoría que logra con un poquito de sal en el planchado. Una pizca de sal en el almidón del lavado evitará que la plancha se pegue y le dará a los linos y a los algodones el brillo del terminado realmente nuevo.

PARA QUITAR LAS MANCHAS DE MOHO

Antes de botar esa vieja prenda mohosa que ha estado colgada en su armario o que ha permanecido en el desván por demasiado tiempo, trate de arreglarla usando un poquito de sal y de limón. Humedezca las manchas con una mezcla de jugo de limón y sal, y luego extienda la prenda al sol para que se blanquee. Finalmente, enjuague y seque. Termine lavándola como acostumbre.

PARA QUITAR LAS MANCHAS DE SANGRE

Las manchas de sangre pueden ser de las más difíciles de quitar de las prendas de vestir y de las telas. Empape la tela o prenda manchada en agua fría salada y luego lave en agua tibia jabonosa y hierva después de lavar. Hágalo solo con telas de lino, algodón o cualquier otra fibra natural que resista el calor.

CÓMO RENOVAR EL COLOR DEL ALGODÓN DE LINO AMARILLENTOS

Las prendas de algodón o de lino se pueden ver avejentadas mucho antes de estarlo en realidad, pero la sal se puede usar para quitar el tono amarillento y renovar el color. Hierva las prendas amarillentas por una hora en una solución de agua y cantidades iguales de sal y bicarbonato de soda, usando ½ taza de cada una por cada galón de agua.

CÓMO QUITAR LAS MANCHAS DE SUDOR

Las manchas amarillas de sudor pueden realmente arruinar camisetas y vestidos que todavía podrían usarse. Usando la sal, podemos darle nueva vida a esas prendas. A 1 litro de agua caliente agregue 4 cucharadas de sal y frote la prenda con una esponja empapada en la solución, hasta que la mancha se desaparezca.

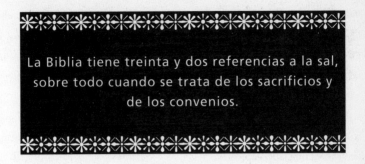

La Biblia tiene treinta y dos referencias a la sal, sobre todo cuando se trata de los sacrificios y de los convenios.

CÓMO DARLE MÁS BRILLO A LOS COLORES

Lave sus cortinas de colores o los tapetes de fibra lavables en una solución de agua salada para abrillantar los colores. Las alfombras desvaídas pueden abrillantarse frotándolas con un trapo que ha sido inmerso y exprimido en una solución fuerte de sal.

CÓMO QUITAR LAS MANCHAS DE VINO DE LAS TELAS DE ALGODÓN

Todos sabemos que es una causa perdida tratar de sacar las manchas de vino o de jugo de uvas de cualquier prenda de algodón. La sal puede ser una gran ayuda en ese momento. Cuando se mancha la prenda, inmediatamente póngale sal para que absorba la mancha y luego ponga la prenda en agua fría por ½ hora. Termine lavando como acostumbre.

PARA SUAVIZAR LOS JEANS (VAQUEROS) NUEVOS

La incómoda rigidez de un par de jeans nuevos, se puede remediar añadiendo ½ taza de sal al agua con detergente a la lavadora. Los jeans le quedarán suaves y cómodos desde el primer día que los use.

PARA ASENTAR LA ESPUMA

Si a la lavadora se le sale la espuma por tener demasiado jabón, rocíe sal sobre la espuma para reducirla. Puede hacer lo mismo en el fregadero o en la bañera cuando el jabón lavavajillas o el baño de burbujas se salen de control y se derraman por el piso. Rociar sal es un viejo truco que se usaba para asentar la espuma de una cerveza que se había servido demasiado rápido.

PARA QUITAR MANCHAS DE ÓXIDO EN PRENDAS QUE SE PUEDEN LAVAR

Las manchas de óxido son unas de las más difíciles de quitar con limpiadores comerciales, pero esta simple solución de sal desafía la idea de manchas imposibles. Frote una pasta hecha con partes iguales de sal y vinagre sobre la mancha. Déjela por 30 minutos y luego lave de la forma acostumbrada.

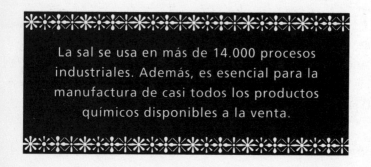

La sal se usa en más de 14.000 procesos industriales. Además, es esencial para la manufactura de casi todos los productos químicos disponibles a la venta.

EN EL GARAJE

LIMPIADOR PARA EL PISO DEL AUTOMÓVIL

Es fácil ensuciar el piso y la tapicería del automóvil con manchas de grasa, especialmente si tiene un escape de aceite sobre el piso del garaje. Con una mezcla de sal y de bicarbonato de soda, puede mejorar las alfombras y tapicerías, y también quitar las manchas de grasa. Absorba las manchas grasosas con una mezcla a partes iguales de sal y de bicarbonato de soda. Rocíe la mezcla sobre la mancha, cepille un poco, déjelo por unas horas y luego límpielo con la aspiradora.

CÓMO QUITAR EL ÓXIDO DE LOS MANUBRIOS Y DE LOS RINES DE LAS BICICLETAS

Todos sabemos que la sal hace que los metales se oxiden, pero este truco nos viene bien para quitar el óxido de las partes metálicas de las bicicletas, como los manubrios y los rines. Haga una pasta con 6 cucharadas de sal y 2 cucharadas de jugo de limón, aplique la pasta sobre las partes oxidadas con un trapo seco y frote. Enjuague a fondo y seque.

CÓMO QUITAR EL ÓXIDO DE LAS HERRAMIENTAS

Las herramientas que se dejan en el garaje húmedo por períodos largos sin usar suelen oxidarse y dañarse. Puede darles a sus herramientas nueva vida con una pasta hecha con 2 cucharadas de sal y 1 cucharada de jugo de limón. Aplique la pasta sobre las partes oxidadas con un trapo seco y frote. Enjuague a fondo y seque.

CÓMO PREVENIR QUE LA NIEVE Y EL HIELO SE ACUMULEN EN LAS VENTANAS DEL AUTOMÓVIL

Si vive en un clima frío, sabe lo frustrante que puede ser tener que raspar la nieve y el hielo de las ventanas del automóvil todas las mañanas. Puede evitar que la nieve y el hielo se acumulen, llenando una talega de tela con sal, humedeciéndola un poco y frotándola sobre los vidrios.

EN EL PATIO DE LA CASA

PARA EVITAR QUE LOS GUSANOS APAREZCAN EN EL REPOLLO

Cualquier jardinero sabe que los gusanos del repollo pueden aparecer sin saber de dónde, e infestar las hojas de los repollos. En lugar de usar pesticidas químicos, puede usar esta manera natural de deshacerse de esta plaga. Empolve ligeramente las hojas de las plantas con una mezcla de ½ taza de sal y 1 taza de harina. Aplíquesela a las plantas mientras están húmedas de rocío.

CÓMO MATAR BABOSAS

Rocíe con sal las babosas para matarlas. Haga una redada en su jardín en la tarde, armado con un salero. Rocíe cada babosa una vez y luego otra vez a los 5 minutos. Verá que los vegetales se salvarán rápidamente de esta espantosa plaga invisible.

CÓMO EVITAR QUE EL PASTO CREZCA ENTRE LOS LADRILLOS DEL PATIO

Un bello patio en ladrillo puede verse muy desatendido una vez que el pasto y las hierbas empiezan a crecer entre los ladrillos. Para evitar que esto suceda entre los ladrillos del patio o en los de una pared, rocíe con sal las hendiduras.

CÓMO ACABAR CON LA HIEDRA VENEOSA

La sal se puede usar como herbicida natural para acabar con la hiedra venosa que ha crecido en el césped o en el jardín. Mezcle 3 libras de sal con 1 galón de agua jabonosa y aplique a las hojas y tallos con un atomizador.

CÓMO ALIVIAR LAS PICADURAS DE ABEJAS

El dolor y la hinchazón producidos por la picadura de las abejas pueden ser aliviados con sal. Si lo pica una abeja, inmediatamente humedezca la zona afectada y cubra con sal. El dolor y la hinchazón deben desaparecerse.

CÓMO TRATAR LAS PICADAS DE MOSQUITOS Y GARRAPATAS

Puede aliviar la irritación y la rasquiña de estas picaduras de insectos empapando las áreas afectadas en agua salada y luego aplicando una mezcla de manteca o mantequilla vegetal con sal.

TRATAMIENTO CONTRA LA HIEDRA VENENOSA

Si encuentra que ha estado en contacto con esta espantosa planta, empape las áreas expuestas en una solución de agua caliente con sal. Le calmará la irritación producida por la hiedra venenosa.

Una antigua creencia dice que los buenos espíritus se paran detrás del hombro derecho, y los malos detrás del siniestro. Por eso se debe tirar una pizca de sal sobre el hombro izquierdo, para que le caiga en los ojos del espíritu malo, y así poder distraerlo de sus malas obras.

EN LA PLAYA

CÓMO QUITAR LAS SANGUIJUELAS

Para esas vacaciones junto al lago, donde las sanguijuelas se pegan a los nadadores, he aquí un excelente remedio para una situación alarmante. Rociar sal sobre la sanguijuela que se le ha pegado hará que se retuerza y se caiga.

TRATAMIENTO PARA LAS QUEMADURAS DE MEDUSAS

Las vacaciones en la playa se pueden arruinar por la quemadura de la medusa. Una mezcla a partes iguales de vinagre y agua salada, vertida en el sitio donde quemó la medusa, desactivará los tentáculos, que entonces podrán ser raspados con una toalla—no con la mano. Arranque—no frote—los tentáculos. Los tentáculos seguirán descargando sus células irritantes mientras permanezcan en contacto con la piel.

PARA LA DIVERSIÓN DE LOS NIÑOS

SUSTITUTO PARA LA ARCILLA

Los chicos se disfrutarán haciendo esta mezcla pegajosa, que luego se endurecerá para preservar sus obras de arte, que podrán mostrar y disfrutar. Combine 1 taza de sal con ½ taza de almidón y ¾ taza de agua fría. Mezcle los ingredientes en una olla doble usada para el baño de María y caliente, revolviendo constantemente por 2 ó 3 minutos, hasta que espese. Baje la mezcla del calor y déjela enfriar. Luego, amase por varios minutos hasta lograr una consistencia pareja. Queda lista para usar. Es un excelente sustituto para la arcilla, pues no se encoge al secar. Endurecerá a la consistencia de piedra y no se desborona como la arcilla.

SUSTITUTO PARA LA PLASTILINA

Una alternativa casera para la plastilina no tóxica y barata, se puede hacer fácilmente con ingredientes que tiene en los gabinetes de su cocina. Mezcle ½ taza de sal, 1 taza de harina, 2 cucharadas de aceite vegetal y ½ taza de agua. Si quiere también, puede agregar color vegetal para obtener una plastilina igual a la que sus hijos están acostumbrados a comprar y que disfrutan. Guarde la mezcla en un recipiente hermético o en una bolsa plástica y deje que sus chicos hagan figuras fantásticas una y otra vez con este material casero.

GLOBOS RUIDOSOS LLENOS DE SAL

Agregue un poco de vida a las fiestas de cumpleaños de sus hijos con un poquito de sal y globos comunes. Sólo introduzca una cucharadita de sal dentro del globo antes de inflarlo y obtendrá un sonido rasposo, como de globos de circo. Los niños pequeños y los bebés los disfrutarán, jugando y oyendo.

Nota: los pedazos de globos reventados son un peligro de ahogamiento para los niños pequeños y los bebés.

PINTURAS Y ESCULTURAS DE SAL COLOREADA

Se puede usar sal para crear un colorido material casero que sirva para hacer bellas esculturas embotelladas o pinturas de sal. Separe porciones de sal en varios frascos pequeños. Usando un cuchillo, raspe los bordes de tizas de colores, dentro de los frascos con sal, dejando que se mezclen el polvo de color y la sal. Sacuda con fuerza los frascos tapados y obtendrá sal coloreada. Una vez que tenga los colores deseados, puede combinarlos en capas dentro de una botella, haciendo una escultura de arena, o puede rociarlo sobre papel con goma o pegante, como lo haría con escarcha. Obtendrá una pintura exclusiva.

ESCARCHA DE SAL COLOREADA

Al hacer su propia escarcha de sal coloreada, le permite crear sus colores favoritos para adornar las tarjetas hechas en casa y los proyectos de arte. Agregue 1 cucharada de acuarela líquida a ¼ taza de sal, extiéndala en toallas de papel y póngala en el microondas por 2 minutos. Usando los dedos, rompa los grumos que se hayan formado.

MOMIAS

Tal como los antiguos egipcios hacían, puede elaborar sus propias momias usando la siguiente receta:

¼ taza de sal
½ taza de bicarbonato de soda
½ taza de soda de lavar (esta soda es simplemente
    carbonato de sodio, que se encuentra en los productos de
    limpieza en la mayoría de los supermercados)
1 manzana

En un recipiente pequeño, mezcle la sal, el bicarbonato de soda, y la soda de lavar. Corte la manzana en 4 partes iguales. Entierre ¼ de la manzana bajo la mezcla y cómase los otros tres. Cada 2 días, observe la manzana que se está secando y vuélvala a tapar. Después de 10 días, tendrá una pieza momificada de manzana. La manzana, igual que la momia, durará mucho tiempo.

PLACAS DECORATIVAS CON PASTA DE SAL

Con esta receta divertida y fácil, haga sus placas decorativas en casa. También puede hacer marcos para los trabajos de arte de los chicos o para las fotografías de la familia con la misma receta.

1 ⅓ tazas de sal

1 ⅓ tazas de harina

1 cucharada de aceite

Agua

Bandeja para el horno y papel calcante

Sujetapapeles

Pinturas

Pinceles

Laca transparente

1) Caliente el horno a 350°F.

2) Mezcle la sal, la harina y el aceite, y el agua, un poquito a la vez, amasando continuamente hasta obtener una gran bola de masa.

3) Amase sobre una superficie enharinada, hasta obtener una masa suave y elástica. Si está muy seca, añada agua, y si está muy húmeda, más harina en la superficie.

4) Dibuje la forma de la placa en papel. Rocíe el papel con harina, luego presione una bola de masa sobre el papel, hasta llenar la forma dibu-

jada. Separe la masa del papel y póngala en la bandeja para el horno engrasada.

5) Enrolle algunas formas de masa o haga letras con gruesas salchichas de masa y presiónelas con cuidado sobre su placa. Introduzca el sujetador de papel en la parte superior de su placa para poderla colgar cuando esté terminada.

6) Ponga la bandeja de hornear en el horno y cocine en el centro del horno, hasta que endurezca—aproximadamente 1 ½ horas.

7) Cuando esté lista y fría, puede pintarla con acuarelas o aguadas, o pintura para carteles. Es mejor dejar secar cada color antes de comenzar el siguiente.

8) Cuando se seca la pintura, barnice con laca transparente, primero el frente y luego por detrás. Es bueno dar 3 capas de laca.

PARA MANTENER EL BRILLO DE
LAS FLORES DE SEDA

Para mantener el brillo de sus flores de seda, póngalas en una bolsa de papel grande y viértale 2 tazas de sal yodada. Cierre la bolsa y sacuda bien. Luego de unos minutos, retire las flores y sacúdales el exceso de sal.

CÓMO EVITAR QUE SE CONGELEN LAS CAÑERIAS

Las heladas temperaturas del invierno pueden hacer que el agua se congele en las cañerías, haciéndolas reventar, lo cual terminaría en una enorme cuenta del plomero. La sal puede evitar que esto le suceda a las cañerías durante los meses más fríos del invierno. Espolvoree sal en las cañerías de desagüe para evitar que se congelen o para descongelar las que ya se helaron.

CÓMO TAPAR LOS HUECOS Y LAS GRIETAS DEJADOS
POR CLAVOS EN TABIQUES DE YESO O REVESTIDOS

Si se ha cansado de la distribución de sus cuadros y otros adornos de colgar y quiere hacer cambios, le sorprenderá como se notan esos huequitos pequeñitos que quedan al retirar los clavos y ganchos que sostenían las pinturas y adornos. Puede usar una mezcla de sal fácil de hacer, para restaurar las paredes a su condición original. Mezcle 2 cucharadas de sal, 2 cucharadas de almidón y más o menos 4 ó 5 cucharaditas de agua, para hacer una pasta gruesa y flexible. Llene los huecos y deje secar. Luego lije suavemente o frote una esponja húmeda sobre el punto sobresaliente, hasta que quede suave y parejo. Por último, pinte.

CÓMO ENFRIAR RÁPIDAMENTE EL CHAMPAÑA O VINO

Si ha olvidado refrigerar el vino o la champaña con tiempo y ya es hora de comenzar la reunión, puede usar hielo y sal para enfriar rápidamente y tenerlas listas para servir. Ponga la botella en un balde para hielo o cualquier otro recipiente plástico alto. Ponga una capa de hielo en el fondo y rocíela con sal, continúe con otra capa de hielo y más sal hasta que alcance el cuello de la botella. Luego, añada agua hasta alcanzar el nivel del hielo. Después de 10 a 20 minutos, abra y sirva y será una bebida helada y refrescante para los invitados.

CÓMO EVITAR QUE LOS VASOS SE PEGUEN A LAS SERVILLETAS Y LOS PORTAVASOS

La humedad de los vasos con bebidas alcohólicas puede hacer que se les peguen las servilletas y los porta vasos cada vez que lo levanta para tomar un sorbo. Para que no suceda, rocíe con sal las servilletas y los porta vasos que vaya a usar para los tragos.

PARA HACER QUE VELAS QUE NO GOTEEN

Si quiere ahorrar dinero comprando velas más baratas, pero que tienden a gotear, puede usar agua salada para evitar que la cera chorree por encima de los candeleros. Deje las velas nuevas inmersas en una solución fuerte de agua salada por unas horas, y luego séquelas bien. Cuando encienda las velas, no gotearán.

CÓMO VIGORIZAR LOS PECES DE COLORES

Ocasionalmente, agregue 1 cucharadita de sal a 1 litro de agua fresca a temperatura ambiente y ponga sus peces de colores a nadar allí por 15 minutos. Luego regréselos al acuario. El nadar un rato en agua salada los hará más sanos y vigorosos.

CÓMO MANTENER FRESCAS LAS FLORES CORTADAS

Cuando llegue a su casa con flores frescas, lo primero que debe hacer es cortar un poco el tallo para que puedan absorber más fácilmente el agua donde las coloque. Una pizca de sal en el agua del florero donde las va a arreglar hará que se mantengan frescas por más tiempo.

PARA SOSTENER FLORES ARTIFICIALES

Las flores artificiales se pueden juntar en una posición fija para hacer un arreglo artístico, echando sal en un recipiente decorativo, luego añadiendo un poquito de agua fría y después arreglando las flores. La sal se solidificará a medida que se seca y mantendrá las flores en su sitio.

PARA MANTENER LAS VENTANAS SIN ESCARCHA

Si vive en un clima frío, sabe lo común que es levantarse una mañana de invierno y no poder ver nada por la ventana porque se ha cubierto de escarcha. Para remediar esta situación, restriegue el interior de sus ventanas con una esponja humedecida con agua salada y luego frote hasta secar. Las ventanas no se volverán a escarchar en tiempo helado.

PARA ALEJAR LAS HORMIGAS

En los días cálidos y pegajosos del verano, pequeñas hormigas aparecen de la nada e invaden la casa. Para mantenerlas alejadas, atraviese una línea de sal por todos los caminos que tengan para entrar en la casa. Las hormigas no cruzarán la línea de sal.

LOS INESPERADOS USOS DIARIOS DE LA SAL

Cuando se piensa en la sal, lo primero que nos viene a la mente es el imprescindible y siempre presente salero en todas las mesas. Sin embargo, lo más sorprendente es que el uso de la sal en la mesa es tan sólo del cinco por ciento del uso total de la sal. El otro 95 por ciento, de manera inesperada, se usa en centenares de otras formas y en muchos otros lugares. Es cierto que sin la sal nuestra moderna forma de vivir sería diferente por completo de todo lo que conocemos.

El mayor consumidor de sal en los Estados Unidos es en la industria química. La combinación de un átomo de sodio con un átomo de cloro crea la sustancia que es responsable por tantos usos diferentes. De hecho, el 66 por ciento de toda la sal producida se usa en la industria química, y de los 150 químicos más importantes en circulación en los Estados Unidos, la sal juega un papel importante en la producción de 104 de ellos. Algunos de ellos—o sea, los que más conocemos—son el ácido clorhídrico, bicarbonato de sodio, nitrato de sodio, sulfato de sodio, carbonato de sodio, cloro, soda cáustica y el sodio.

El papel en el que escribo fue blanqueado con sal, el escritorio de madera que está debajo del papel fue curado con sal, y el vidrio de la ventana que está cerca del escritorio también está hecho con sal. La tela de mis pantalones fue limpiada con una solución salina, los hilos que la unen fueron reforzados con sal y el teñido del color fue hecho permanente por medio de la sal. Hasta el cuero con el que están hechos mis zapatos fue curado en una solución salina.

La sal se usa en el proceso de producción de muchos elementos caseros, tales como el jabón, los televisores a color, la pintura, el papel de colgadura, el polvo blanqueador, el queso, la mantequilla, los peines plásticos y los cepillos de dientes. Los materiales industriales tales como el latón, el bronce, el acero, el oro, la plata y el vidrio, también utilizan la sal en sus procesos de producción.

Los insecticidas, herbicidas y otros incontables químicos de uso diario no se podrían producir sin la sal, y en nuestros gabinetes de cocina y en los refrigeradores, encontramos comidas que contienen sal. Se usa para hacer helados, crema, jamón curado, tocineta y salmón, productos enlatados, y hasta para la gran variedad de encurtidos que tanto disfrutamos. Además, la sal es importante en el proceso que cambia el sabor natural amargo del chocolate a un sabor suave y dulce.

El agua de desperdicio se purifica y sanea con la sal, y el agua dura de nuestros hogares se suaviza cuando se le añade sal. El petróleo crudo se refina con la sal para hacer gasolina, y los reactores nucleares, así como otros sistemas de refrigeración, se enfrían utilizando la sal.

En segundo lugar, después de la industria química, es la industria de carreteras la que consume más sal. La sal se usa por los que construyen carreteras, y en las regiones más frías de un país, es de suma importancia para mantenerlas sin el peligroso hielo durante los meses de invierno. Sólo se necesita 1 libra de sal para derretir 46 libras de hielo a 30° Fahrenheit. Además, cuando se construyen caminos, la sal es muy importante para hacer los cimientos de la carretera sobre los cuales se asentarán el concreto o el asfalto. Los obreros que construyen las vías mezclan sal con arena, arcilla, grava y piedra antes de poner la capa final. Este uso de la sal hace que la mezcla de materiales tan diversos se mantenga unida y conserve la humedad que perdería de otra forma. Si se perdiera la humedad, el cimiento se desmoronaría y terminaría con el colapso del concreto o el asfalto ya terminado.

Es fácil decir con certeza que siempre tenemos algo a mano que no podría haber sido posible sin dichosos la sal. Somos muy hoy en día al tener disponible toda la sal que necesitamos, y además, tener los océanos que cubren el planeta llenos de agua salada. Sin este elemento vital, todas las criaturas de nuestro mundo tendrían una existencia complemente diferente.

SALADOS FAVORITOS: RECETAS PARA PLATOS CON SAL

L a sal se usa en casi todas las recetas para dar sabor. Realza el gusto de la comida en el paladar, y por ello es una adición muy importante para casi todo. El gusto por la sal en sí misma ha llevado a crear una industria de comidas saladas, como las papas fritas y papas a la francesa y esto ha llegado a ser visto como malos hábitos de comida. Un buen bocadillo salado en Turquía es un pepino cohombro fresco vendido en la calle, pelado allí mismo y con una buena dosis de sal. La sal, no sólo realza el sabor del pepino, sino que le da al cuerpo de quien lo come un nutriente necesario que se pierde con rapidez bajo el quemante sol de Turquía. Otro bocadillo salado y maravilloso es un tomate fresco recién recogido del huerto cortado en tajadas y rociado con sal.

Esencialmente hay tres clases de sal para comidas: la sal de mesa, la sal de mar y la sal kosher. Aunque químicamente todas son en esencia lo mismo, ya sea que provengan del mar o de las minas donde se encuentran los gigantescos depósitos de sal que dejaron los mares cuando se secaron, hay gente que se preocupa mucho sobre cuál sal va a usar en la cocina. Pregúntele a un cocinero qué tipo de sal usa, y él le dará respuestas muy específicas.

La sal de mesa se hace por introducir agua dentro de un depósito de sal y evaporando la salmuera que se forma, produciendo así cristales secos de forma cúbica y muy finos. Se trata con aditivos que la mantienen suelta en todo tipo de clima, aún en el más húmedo. También es la única sal yodada que previene el hipertiroidismo y el bocio.

La sal kosher se hace más o menos de la misma manera que la sal de mesa, excepto que durante la evaporación de la salmuera, es rastrillada permanentemente, obteniendo así una textura más escamosa. Cuando esta sal se mide con precisión, resulta tener menos sabor, pues sus granos son más aireados que los de sal de mesa. La sal de mesa resulta ser más densa que la sal kosher.

La sal marina que se consigue de grano grueso o de grano fino, se hace de agua de mar, que al ser evaporada, simplemente deja cristales de sal. Es la preferida por los consumidores que piensan mucho en su salud por contener rastros adicionales de minerales. Claro que, los expertos dicen, si se dejara la sal marina con todos los minerales que contiene, sería muy amarga para consumirla. La mayoría de la sal marina ha sido filtrada hasta un punto en que es casi tan pura como la sal de mesa.

Mientras la mayoría de las personas usan la sal de mesa para cocinar al horno, porque se mide con más precisión, la sal kosher y la sal marina se usan más en los asados y para rociar las comidas.

MELCOCHA DE AGUA SALADA

2 tazas de azúcar

1 taza de jarabe de maíz liviano

1 taza de agua

1 ½ cucharaditas de sal

2 cucharadas de mantequilla

¼ cucharadita de extracto de menta, extracto de canela o
   cualquier otro extracto que sea de su gusto (opcional)

Unas gotas de colorante para comidas (opcional)

1) Unte con mantequilla los lados de una cacerola pesada para 2 litros. En la cacerola combine el azúcar, el jarabe de maíz, el agua y la sal. Cocine a fuego medio alto y bata hasta que hierva.

2) Ajuste un termómetro para dulces al lado de la cacerola. Cocine sobre fuego medio alto, sin rebullir, hasta 265°F por 40 minutos más o menos. En este momento, el almíbar debe alcanzar el punto de bola dura—punto que se puede examinar—dejando caer un poco de dulce en una taza con agua fría. Luego se forma rápidamente una bola de dulce entre los dedos. Estará en el punto de bola dura si no se aplasta entre los dedos.

3) Retire la cazuela del fuego. Incorpore y bata la margarina, añada los saborizantes, y el color, si lo desea.

4) Vierta en un molde engrasado de 15 x 10 x 1 pulgadas, déjelo enfriar por 15 a 20 minutos o hasta que esté fácil de manejar.

5) Divida el dulce en 4 partes. Hale y doble cada porción, hasta que consiga un color cremoso; más o menos 10 minutos. La melcocha estará lista si se parte al golpearla contra el mesón.

6) Con tijeras untadas de mantequilla, corte la melcocha en trozos de una porción. Envuelva en plástico transparente.

1 1/2 LIBRAS DAN 48 RACIONES

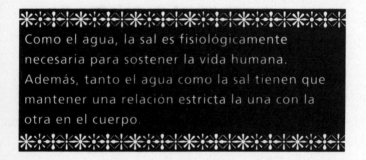

Como el agua, la sal es fisiológicamente necesaria para sostener la vida humana. Además, tanto el agua como la sal tienen que mantener una relación estricta la una con la otra en el cuerpo.

GALLETAS SALADAS

2 tazas de harina multiusos
½ taza de azúcar granulada
¼ taza de mantequilla o margarina
1 huevo
¾ cucharadita de bicarbonato de soda
2 cucharaditas de agua
½ taza de mantequilla derretida
Sal

1) Caliente el horno a 350°F.

2) Ponga la harina y el azúcar en un tazón mediano. Mezcle con la mantequilla en trozos, hasta que quede en boronas. Haga un hueco en el centro.

3) Bata un huevo hasta que esté espumoso.

4) Disuelva el bicarbonato y el agua en una taza y agrégueselo al huevo. Vierta la mezcla de huevo en el hueco de la mezcla de harina. Bata hasta obtener una masa firme. Si queda demasiado dura, añada agua, pero sólo 1 cucharadita a la vez.

5) Con el rodillo, extienda sobre una superficie enharinada. Corte en redondeles o en cuadrados. Pique con un tenedor. Barnice con mantequilla derretida y rocíe con sal.

6) Póngalo en el horno en una lata para el horno engrasada por 15 minutos o hasta que dore.

DA DE 5 A 6 DOCENAS DE GALLETAS PEQUEÑAS

SALMÓN EN SAL

Sal kosher
4 filetes de salmón cortados del centro, cada uno de
  aproximadamente ½ libra con piel (pero sin escamas)

1) Caliente una sartén de 12 pulgadas, antiadherente a fuego alto por 5 minutos. Cúbralo con 1 pulgada de sal. Caliente hasta que la sal empiece a ponerse dorada.

2) Agregue el salmón con la piel hacia abajo. Cocine a fuego alto por 5 minutos o hasta que dore bien por debajo.

3) Tape el sartén por 1 minuto más, o más tiempo si lo quiere bien asado. Cocinando por 6 minutos, obtiene un salmón cocido término medio. Si le gusta bien asado, cocínelo por más tiempo.

LOBINA DEL MAR NEGRO ASADA EN SAL

1 lobina del mar negro (1 ¾ libras) limpia
Pimienta negra molida gruesa, al gusto
5 libras de sal kosher
2 cucharadas de aceite de oliva extravirgen
Limones para adorno

1) Caliente el horno a 400°F.

2) Sazone el interior del pescado lavado y seco con pimienta.

3) Extienda 2 libras de sal en el fondo de una bandeja refractaria de 13 x 9 x 2 pulgadas. Presione el pescado suavemente contra la sal. Vierta la sal restante encima del pescado y cúbralo completamente. Rocíe la sal con unas gotas de agua, para ayudarla a formar una costra. Con la mano palmee la superficie, siguiendo el contorno del pescado y póngalo en el horno, poniendo el molde en el centro del horno por 25 minutos. Si prefiere su pescado bien asado, añada 5 minutos más al tiempo de horneado.

4) Retire la refractaria del horno y déjela reposar por 3 minutos.

5) Comenzando por un lado, rompa con cuidado la costra de sal y descártela. Suavemente, pase el pescado a una tabla de picar, con una espátula larga. Corte el pescado en filetes y arréglelo en una bandeja.

6) Rocíe con aceite de oliva y añada un poco de pimienta negra gruesa y molida. Sirva de inmediato, adornado con mitades de limón.

DA 2 RACIONES

POLLO ENTERO ASADO EN SAL

¼ taza de vino blanco

1 pollo para asar (3 ½ a 4 libras)

1 pieza (2 pulgadas) de raíz de jengibre, cortado en piezas
    pequeñas

1 limón en 8 tajadas

3 chalotes picados gruesos

4 libras de sal (gruesa)

1) Frote la mitad del vino en el interior del pollo. Luego ponga allí mismo, el jengibre, el limón y los chalotes. Amarre las piernas juntas. Frote el vino sobrante por la parte exterior del pollo y deje secar.

2) Envuelva el pollo en una capa doble de malla de algodón, amarrando las puntas sobre la pechuga.

3) Caliente la sal en un wok grande a fuego alto, revolviendo frecuentemente, hasta que la sal esté caliente al tacto (de 7 a 10 minutos). Pase la sal a un tazón, dejando una capa de una pulgada, en el fondo del wok.

4) Acomode el pollo sobre la sal en el wok, con la pechuga hacia arriba y cubra por completo con la sal restante. Tape el wok y cocine el pollo a fuego medio-bajo por 2 horas. Revise que tan bien cocido está, arrancando un poco de sal a la altura del muslo y pínchelo, para ver si los jugos salen sin sangre.

5) Cuando el pollo esté bien cocido, átelo fuera del wok, agarrándolo por las puntas del trapo y páselo a una bandeja de servir, trinche de inmediato.

DA 4 RACIONES

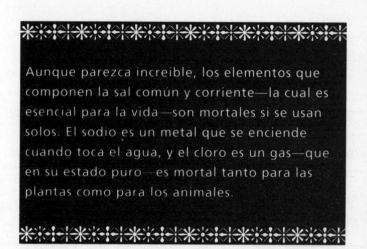

Aunque parezca increíble, los elementos que componen la sal común y corriente—la cual es esencial para la vida—son mortales si se usan solos. El sodio es un metal que se enciende cuando toca el agua, y el cloro es un gas—que en su estado puro—es mortal tanto para las plantas como para los animales.

SAL DE ESPECIAS

Añada especias a sus bocadillos salados favoritos, como el maíz pira, con este tratamiento caribeño.

> 1 cucharada de sal
> ¼ cucharadita de polvo de cinco especias
> 1 cucharadita de granos tostados y molidos de pimienta

1) Mezcle bien todos los ingredientes.

2) Guarde en un recipiente hermético para usar en cualquier momento.

SAL DE HIERBAS

Esta es otra popular mezcla de sal, para adobar comidas como las papas asadas o úsela como en el Caribe, para cubrir los plátanos fritos.

½ cucharadita de orégano seco
½ cucharadita de tomillo seco
½ cucharadita de polvo de ajo
½ cucharada de sal

1) Mezcle bien todos los ingredientes.

2) Guarde en un recipiente hermético, para usar en cualquier momento.

PLÁTANOS FRITOS CUBIERTOS CON SAL DE HIERBAS

1 ó 2 plátanos de frito grandes
Aceite vegetal
Sal de hierbas (ver la receta anterior)

1) Corte los plátanos en tajadas de ½ pulgada.

2) Vierta ½ pulgada de aceite en una sartén pesada y caliente a 325°F.

3) Fría los plátanos hasta que estén suaves (más o menos 2 minutos por lado). Trasládelos con una cuchara de fritos a unas toallas de papel.

4) Justo antes de servir, recaliente el aceite a 375°F.

5) Use un mazo de cocina o cualquier otro objeto pesado para golpear y aplanar los plátanos, tan delgados como las papas fritas.

6) Refría los plátanos hasta dorar (más o menos 1 minuto por lado).

7) Rocíe con sal de hierbas y sirva.

SEMILLAS DE CALABAZA TOSTADAS

Las semillas de 1 calabaza
2 cucharadas de aceite vegetal
Sal al gusto

1) Enjuague las semillas de calabaza para quitarles toda la pulpa y seque a golpecitos en una toalla de papel. Déjelas por unas horas para que se sequen bien.

2) Caliente el horno a 375°F.

3) Revuelva las semillas con el aceite y la sal al gusto. Póngalo en el horno en una bandeja, revolviendo de vez en cuando, hasta que doren oscuro, más o menos de 25 a 30 minutos.

4) Deje enfriar completamente y agregue más sal si es necesario.

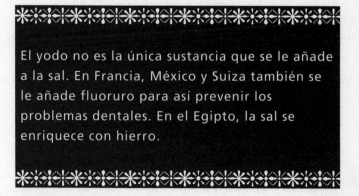

El yodo no es la única sustancia que se le añade a la sal. En Francia, México y Suiza también se le añade fluoruro para así prevenir los problemas dentales. En el Egipto, la sal se enriquece con hierro.

EDAMAME (FRUTOS DE SOYA JAPONESES SALTEADOS)

Los japoneses tienen un bocadillo delicioso y muy saludable que es maravilloso para ofrecer en las fiestas o simplemente como sustituto del maíz pira y de las papas fritas, o de lo que estemos acostumbrados a comer mientras vemos videos en casa.

Los frutos de soya congelados, se encuentran en todas las tiendas de especialidades asiáticas.

1 bolsa de frutos de soya congelados
Sal

1) En una olla con agua hirviendo, ponga los frutos de soya a hervir por 5 minutos o hasta que estén blandos. Escúrralos bien.

2) Ponga los frutos de soya en un cuenco y agrégueles sal generosamente.

3) Coma los frutos de soya simplemente, presionando el fruto fuera de la vaina y a su boca. Luego, descarte las vainas en otro cuenco.

PALITROQUES CON SAL GRUESA

1 paquete de ¼ de onza (2 ½ cucharaditas) de levadura activa seca

1 ½ cucharaditas de azúcar

¾ taza de agua tibia

2 ½ a 3 tazas de harina multiusos

1 cucharadita de sal de mesa

¼ taza de aceite de oliva

Harina de maíz para rociar las latas de hornear

1 clara de huevo ligeramente batida

1 cucharada de agua

Sal gruesa

1) En un tazón grande, mezcle la levadura con ½ cucharadita de azúcar y adicione el agua, revolviendo por 5 minutos o hasta que forme espuma.

2) Adicione el resto de la cucharadita de azúcar, 2 tazas de harina, la sal y el aceite y bata hasta mezclar bien.

3) Amase bien la masa, añadiendo suficiente harina para formar una bola y luego amase por 5 minutos más, hasta que esté suave, pero no pegajosa. Cubra la masa con un limpión y déjela reposar por 15 minutos.

4) Divida la masa en 12 piezas manteniéndolas todas tapadas, menos la que está trabajando. Ruede la masa entre sus manos, para formar unos lazos de 14 pulgadas y organícelos en la lata de hornear, separándolos 2 pulgadas entre ellos. Rocíe con harina de maíz.

5) Deje los palitroques crecer cubiertos con suavidad, en un sitio tibio de su cocina por 40 minutos.

6) Precaliente el horno a 450°F. Combine la clara de huevo con 1 cucharadita de agua y barnice los palitroques con la mezcla y rocíe con sal gruesa.

7) Ponga los palitroques en el horno de 12 a 15 minutos o hasta que doren en el centro del horno. Luego enfríe en la rejilla por 12 minutos más.

DA 12 PALITROQUES

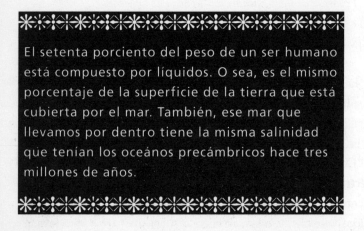

El setenta porciento del peso de un ser humano está compuesto por líquidos. O sea, es el mismo porcentaje de la superficie de la tierra que está cubierta por el mar. También, ese mar que llevamos por dentro tiene la misma salinidad que tenían los océanos precámbricos hace tres millones de años.

PRETZELS (BIZCOCHOS) SALADOS

4 ½ tazas de harina para todos los usos

1 paquete de levadura activa seca

1 ½ tazas de leche

¼ taza de azúcar

2 cucharadas de aceite de cocina

2 cucharadas más 1 cucharadita de sal

3 litros de agua hirviendo

1 clara de huevo ligeramente batida

1 cucharada de agua

Sal gruesa

1) En un tazón de mezclar, bata 1 ½ tazas de harina con el paquete de levadura.

2) En una olla, caliente y bata la leche, el azúcar, el aceite y 1 cucharadita de sal. Cuando está caliente, añádasela a la mezcla de harina. Con una batidora eléctrica, a velocidad baja, mezcle por 30 segundos, raspando continuamente las paredes del tazón. Luego a velocidad alta, bata por 3 minutos. Luego con una cuchara añada lo que más pueda de la harina sobrante.

3) Ponga la mezcla sobre una superficie ligeramente enharinada. Amase con la mayor cantidad de harina sobrante, hasta conseguir una masa moderadamente firme, pero al vez suave y elástica. Vuélvala una bola, póngala dentro de un tazón engrasado y engrase también la masa. Cúbrala y déjela subir, hasta lograr el doble de su tamaño en un sitio tibio por más o menos 1 ½ horas.

4) Desinfle la masa. Pásela a una superficie enharinada. Cúbrala y déjela reposar por 10 minutos. Estire la masa con un rodillo, formando un rectángulo de 12 x 10 pulgadas. Córtelo en 20 tiras de 12 × ½ pulgadas. Suavemente enrolle cada tira en lazos de 16 pulgadas de largo.

5) De forma a cada pretzel, cruzando una punta sobre la otra para formar un círculo, traslapando unas 4 pulgadas de cada lado. Tome una punta de masa en cada mano y voltee una vez en el punto donde la masa se traslapa. Levante cada punta y lleve hacia el lado opuesto del círculo y péguela por debajo para hacer la forma tradicional del pretzel. Humedezca las puntas y presione para sellar.

6) Ponga los pretzels, en una lata para el horno engrasada. Póngalo en el horno a 475°F por 4 minutos. Retire del horno y baje la temperatura a 350°F.

7) Disuelva las 2 cucharadas de sal restantes en el agua hirviendo. Ponga los pretzels dentro del agua hirviendo y déjelos hervir por 2 minutos, dándoles la vuelta una sola vez. Retírelos con una cuchara de fritos y escurra sobre toallas de papel. Déjelos reposar por unos segundos y luego acomódelos en las latas de hornear engrasadas, separados unos de otros por ½ pulgada.

8) Combine la clara de huevo con una cucharada de agua, barnice los pretzels con la mezcla, y espolvoree ligeramente con sal gruesa. Hornee a 350°F por 25 minutos o hasta que tomen un color dorado oscuro. Enfríe en la rejilla.

DA 20 PRETZELS

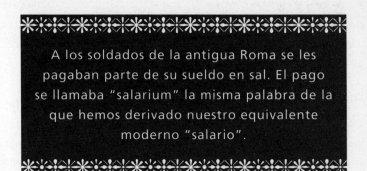

A los soldados de la antigua Roma se les pagaban parte de su sueldo en sal. El pago se llamaba "salarium" la misma palabra de la que hemos derivado nuestro equivalente moderno "salario".

BAGELS (PANES REDONDOS) SALADOS

4 ¾ tazas de harina multiusos
1 paquete de levadura activa seca
1 ½ tazas de agua tibia
¼ taza de azúcar
1 cucharadita de sal
1 clara de huevo ligeramente batida
6 tazas de agua, para hervir
1 cucharada de agua
Sal gruesa

1) Combine la levadura con las 2 tazas de harina, agregue el agua tibia, 3 cucharadas de azúcar y 1 cucharadita de sal. Con una batidora eléctrica y a velocidad baja, bata por 30 segundos. Luego, a velocidad alta, bata por 3 minutos. Usando una cuchara, añádale la mayor cantidad posible de harina.

2) Ponga la masa sobre una superficie enharinada y amase, adicionando la mayor cantidad de harina posible, hasta lograr una masa moderadamente firme, pero que a la vez sea suave y elástica. Cubra y deje reposar por 20 minutos. Divida la masa en 12 porciones. A cada porción dele una forma redonda y suave. Hunda su dedo en el centro de cada bola, haciendo un hueco, y hale suavemente de los lados, hasta que el hueco alcance las 2 pulgadas, manteniendo uniformemente la forma. Pón-

galas en latas de hornear engrasadas, cúbralas, y déjelas subir por 20 minutos.

3) Ase los bagels crecidos a unas 5 pulgadas del calor, por 3 a 4 minutos, dándoles la vuelta vez. Mientras tanto ponga a hervir 6 tazas de agua con la cucharada de azúcar restante. Una vez que hierva, baje el fuego y deje hervir lentamente los bagels por 7 minutos, dándoles la vuelta 1 vez. Escurra en toallas de papel.

4) Combine clara batida con 1 cucharada de agua. Barnice los bagels con esta mezcla. Rocíe ligeramente con sal gruesa y hornee a 375°F por 25 a 30 minutos o hasta que doren por encima.

DA 12 BAGELS

En la antigua Grecia, los esclavos eran comprados y vendidos a cambio de la sal. La práctica de pagar así por ellos es el origen de la frase, "Él no vale su sal".

ENCURTIDOS SALADOS

Uno de los bocadillos de sal más delicioso es un encurtido crocante, pero estas conservas vienen de muchas formas. Por eso, los
cohombros encurtidos son el comienzo para llegar a fascinarse con
ellos. Hoy en día, las tiendas de abarrotes tienen de todo, desde alverjas
hasta okras encurtidas. Y si es divertido comerlos, es igualmente divertido hacerlos uno mismo. Mientras que envasados a la antigua, el proceso es bastante largo y exige una atención meticulosa a la higiene del
procedimiento. He aquí unas recetas rápidas y fáciles para hacer encurtidos, que me parecen divertidas para elaborar, y que dan resultados
deliciosos.

ENCURTIDOS QUE DESAPARECEN EN SEGUNDOS

3 libras de cohombros (pepinillos)

6 cucharadas de sal

1 ½ tazas de agua hirviendo

2 cucharadas de azúcar

½ cucharadita de acento

6 dientes de ajo, tajados

¼ taza de vinagre

1 ½ tazas de agua helada

2 cucharaditas de hojuelas de pimiento rojo seco

1) Corte los cohombros a la mitad a lo largo; luego, taje diagonalmente en tajadas de ½ pulgada y póngalos en un tazón grande.

2) Mezcle la sal con el agua hirviendo y viértala sobre los cohombros en el tazón. Déjelo 1 hora y escurra.

3) Mezcle los ingredientes restantes y viértalos sobre los cohombros y refrigere.

DA 15 RACIONES

ENCURTIDOS REFRIGERADOS

3 litros de cohombros (pepinillos) tajados

3 tazas de apio picado

1 cebolla grande, tajada

2 pimentones verdes, tajados en tiritas

1 cabeza de coliflor, cortada al tamaño de un bocado

6 zanahorias medianas tajadas

¼ taza de sal

4 tazas de azúcar

6 tazas de vinagre

Mezcle todos los ingredientes, menos el azúcar y el vinagre; repóselo toda la noche. Escúrralo.

Hierva el azúcar con el vinagre. Deje enfriar y vierta sobre los vegetales.

Congele en envases plásticos. Par usar, descongele y mantenga a temperatura ambiente. Se puede comer de inmediato.

DA APROXIMADAMENTE 8 LITROS

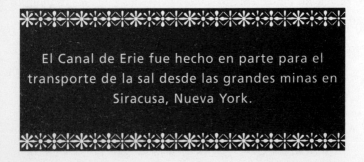

El Canal de Erie fue hecho en parte para el transporte de la sal desde las grandes minas en Siracusa, Nueva York.

ADEREZO DE SUNOMOMO PARA COHOMBROS

3 cohombros (pepinillo) medianos, tajados

½ taza de vinagre de arroz

¼ taza de jugo fresco de limón

1 cucharadita de sal

1 cucharadita de jengibre recién rallado

¼ cucharadita de wasabi (rábano picante en polvo),
   disuelta en 1 cucharadita de agua

2 a 4 cucharadas de azúcar

1) Ponga las tajadas de cohombro en toallas de papel, para quitar el exceso de líquido. Envuélvalas en toallas de papel y refrigere hasta el momento de servir.

2) Combine todos los ingredientes del aderezo en un tazón pequeño y agregue el azúcar a su gusto. Bata hasta que el azúcar y el wasabi se disuelvan.

3) En el momento de servir, arregle las tajadas de cohombro en un tazón, vierta el aderezo por encima y revuelva.

DA 6 RACIONES

ENCURTIDOS RÁPIDOS DE NABO (KABU NO SOKUSEKI-ZUKE)

Este es un ejemplo de los encurtidos instantáneos con sal. Toma solo una hora para madurar estos encurtidos y se mantendrán cubiertos en el refrigerador, por casi toda la semana. También es una receta apropiada, para cohombros tajados finamente. Pele y retire las semillas de cohombros grandes.

12 nabos medianos
5 cucharadas colmadas de sal
4 piezas de kombu (algas marinas gigantes)
1 cuadrado de yuzu citrón (cáscara de limón)

1) Corte las hojas de los nabos y reserve. Lave los nabos, pele los y córtelos en una juliana muy fina (tiritas). Lave las hojas, séquelas, y píquelas finamente.

2) Ponga las tiritas de nabo y las hojas finamente picados en un tazón y rocíe con sal. La sal de mesa está bien. Revuelva con las manos y mezcle a fondo para sacar toda el agua sobrante de los vegetales. En menos de 1 minuto, se producirá una cantidad sustancial de líquido. Descártelo.

3) Adicione el kombu y el yuzu citrón (un cuadrado de una pulgada cuadrada de cáscara de limón). Manténgalo por 1 hora a temperatura ambiente, cubierto y con un ligero peso sobre la tapa.

4) Saque con palillos chinos o con un tenedor una porción, sacúdala para sacarle el agua y arréglela en un plato individual para encurtidos. Puede sazonarla con unas gotas de salsa soya , si desea.

DA 15 RACIONES

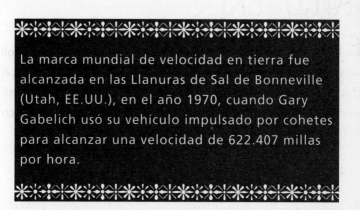

La marca mundial de velocidad en tierra fue alcanzada en las Llanuras de Sal de Bonneville (Utah, EE.UU.), en el año 1970, cuando Gary Gabelich usó su vehículo impulsado por cohetes para alcanzar una velocidad de 622.407 millas por hora.

ENCURTIDO HINDÚ CON LIMONES DULCES

9 limones

4 cucharadas de sal gruesa o sal kosher

1 ½ cucharadas de semillas de comino, tostadas y molidas

1 cucharada de pimienta negra molida gruesa

3 tazas de azúcar

2 cucharadas de uvas pasas sin semillas

8 ajíes rojos secos

1) Lave los limones en agua fría y séquelos bien.

2) Divida en cuartos 6 limones desde arriba casi hasta abajo, dejando ½ pulgada sin cortar, para que permanezcan unidos. Exprima el jugo de los otros limones.

3) Mezcle la sal, el comino, y la pimienta negra en un plato pequeño y mezcle bien con los limones. Envase los limones en un jarro de un litro y vierta encima el jugo de limón.

4) Cubra con malla de algodón para evitar que le caiga mugre al jarro y déjelos al medio ambiente, por una semana más o menos.

5) Al séptimo día, vierta los jugos del jarro en una cacerola de acero in-oxidable o en una esmaltada, agregue el azúcar, y cocine a fuego bajo, revolviendo hasta que el azúcar se disuelva. Adicione los limones y cocine por otros 8 minutos más o menos, revolviendo suavemente. Agregue las uvas pasas y los ajíes rojos. Ponga los limones en un jarro

esterilizado y selle la tapa. Déjelos por una semana más o menos, antes de comerlos. Úselos como lo haría con cualquier otro encurtido, como acompañamiento.

DA 1 LITRO

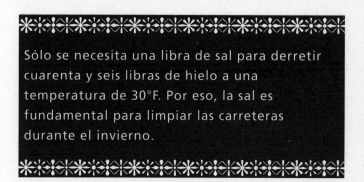

Sólo se necesita una libra de sal para derretir cuarenta y seis libras de hielo a una temperatura de 30°F. Por eso, la sal es fundamental para limpiar las carreteras durante el invierno.

COLIFLOR JAPONESA ENCURTIDA CON COLA

1 coliflor mediana lavada, escurrida y separada en ramos

1 pimiento verde lavado, descorazonado, sin semillas y
*   cortado en tiritas de 2 pulgadas agua*

½ taza de apio picado muy delgadito

¾ taza de bebida de cola

6 cucharadas de vinagre de vino o vinagre blanco

¼ taza de azúcar

1 ½ cucharaditas de sal

1) En un tazón grande, mezcle los ramitos de coliflor con las tiritas de pimentón. Cubra con agua hirviendo por 2 minutos y luego escurra bien. Añada el apio picado.

2) En una olla pequeña, caliente la bebida de cola, el vinagre de vino, el azúcar y la sal. Vierta sobre los vegetales. Revuelva ligeramente con un tenedor.

3) Guarde en un frasco de vidrio de un litro. Empuje suavemente hacia abajo, de manera que el líquido cubra los vegetales. Cubra y deje enfriar toda la noche. Se mantendrá por varios días refrigerado.

DA 1 LITRO

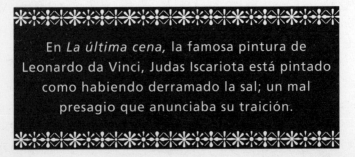

En *La última cena*, la famosa pintura de Leonardo da Vinci, Judas Iscariota está pintado como habiendo derramado la sal; un mal presagio que anunciaba su traición.

KIMCHI COREANO

El kimchi es un plato coreano encurtido de mucho sabor y viene en muchas variedades. Tiene un denso sabor a ajo, así que si es un amante del ajo, he aquí es una receta que no puede dejar de preparar.

3 libras de repollo chino

4 tazas de agua

2 tazas de sal

½ zanahoria

2 pimientos rojos sin semillas

½ cebolla verde grande

1 cabeza de ajo pequeña (8 a 10 dientes)

2 cucharadas de jengibre fresco, rallado

1 cucharada de azúcar

1 cucharada de sal

1) Corte los repollos a lo largo en cuatro porciones. Haga una mezcla de 4 tazas de agua con 2 tazas de sal. Introduzca el repollo en el agua por 8 horas, y después enjuáguelo muy bien en agua limpia y escurra.

2) Pique finamente la zanahoria y los pimientos rojos.

3) Corte bien pequeña la cebolla verde, machaque el ajo y ralle el jengibre. Mezcle en un tazón, con la zanahoria y los pimientos rojos. Añádale el azúcar y la sal y revuelva bien.

4) Tome ésta mezcla sazonada y úntela en el interior de las hojas del repollo. Tome el repollo relleno y póngalo en una cazuela grande o en un jarro. Presione hacia abajo y cubra con papel plástico; luego, ponga un peso grande encima de la cazuela o del jarro.

5) Guarde a 65 ó 70 grados de temperatura por 4 ó 5 días, y luego el kimchi estará listo para comer.

6) Cuando vaya a servir, quite solo una sección, pártala en secciones individuales y sirva.

DA 4 LITROS

MUSEOS Y OTROS LUGARES INTERESANTES RELACIONADOS A LA SAL ALREDEDOR DEL MUNDO

U n gran número de museos dedicados a la sal han sido creados alrededor del mundo, ya que este mineral ha jugado un papel preponderante en la historia debido a su importancia vital. Cada uno de estos museos es fascinante, no sólo muestra la historia de la región que representa, sino porque incluye su propia historia de la sal. Si no puede visitar en persona, lo podrá hacer por medio del internet.

DEUTSCHES SALZMUSEUM
(MUSEO ALEMÁN DE LA SAL)

Deutsches Salzmuseum (Museo alemán de la sal)
Lüneburg, Alemania
http://www.members.aol.com/saltmuseum/index.html

Lüneburg es conocida como "la ciudad de la sal" en Alemania del norte, y allí se produjo sal continuamente por más de cien años, hasta el año 1980. Este museo de sal se denomina a sí mismo, como el museo donde el visitante puede ver de primera mano lo que implica la producción de sal. También podrá aprender un poco de la fascinante historia de la sal a través de los siglos.

Monumento industrial a las minas de sal de Lüneburg
Sulfmeisterstrasse 1
D–21335 Lüneburg
Alemania
Teléfono: 49 4131 45065
Fax: 49 4131 45069
Abierto de mayo a septiembre.
Visitas guiadas de lunes a viernes, de 11:00 A.M. a 3:00 P.M. (11.00h–15.00h)
Los domingos, 3:00 P.M. 15.00h

(THE LION SALTWORKS TRUST) ASOCIACIÓN DE MINAS DE SAL DE EL LEÓN

Asociación de minas de sal de El León, Northwich,
Cheshire, Inglaterra
http://www.iway.fr/sc/tribune/articles/uksalt/html

La mina de sal "El León" fue la última mina del Reino Unido en producir sal blanca por evaporación. Fue creada y manejada por la misma familia desde el año 1899, hasta su cierre en 1986. El lugar está siendo restaurado por una asociación y será un museo dedicado a la enseñanza sobre la producción de la sal y su importancia regional. Hay un panfleto disponible en el sitio y un boletín quincenal documentando el progreso de la obra. Ambos pueden ser obtenidos escribiendo a:

Andrew Fielding, Director
Ollershaw Lane, Marston
Northwich
Cheshire, CW9 6ES
Inglaterra, Reino Unido
Teléfono / Fax: 44 1606 41823

(THE SALT MUSEUM) MUSEO DE LA SAL

Museo de la Sal, Liverpool, Nueva York

http://www.syracuse.ny.us/activities/features/salt.html

Este museo ilustra la historia de la industria de la sal de Onondoga y está situado en el lugar exacto donde se encontraban las calderas en las que se hacía la sal. A través de artefactos, fotos y exhibiciones variadas, los visitantes aprenden la historia de cómo Siracusa suplió de sal alguna vez a los Estados Unidos.

PO Box 146

Liverpool, NY 13088, EE.UU.

Teléfono: (315) 453–6767

Fax: (315) 453–6762

Abierto de mayo a septiembre.

Horas de visita: de martes a domingo, del medio día hasta las 5:00 P.M. 17.00h

(THE SALT MUSEUM) MUSEO DE LA SAL

Museo de la Sal, Northwich, Cheshire,

Inglaterra

http://www.liverpool.com/frodsham/places/salt.html

Este museo pequeño y amistoso está localizado en la antigua fábrica en Northwich. Hay exposiciones de minería, explicaciones sobre las condiciones de trabajo, y la historia de la industria de la sal en el área. El museo está a tan sólo media milla al sur del centro de Northwich.

162 Condon Road

Northwich

Cheshire, CW9 8AB

Inglaterra, Reino Unido
Teléfono: 44 1696 41331
Abierto todo el año
Horas de visita: de martes a viernes, de 10:00 A.M. a 5:00 P.M.
(10.00h–17.00h)

MUSEO DEL TABACO Y DE LA SAL

Museo del tabaco y de la sal, Tokio, Japón
http://www.jtnet.ad.jp/www/jt/museum/map.html

Ya que es una nación insular, con casi ningún depósito propio de sal natural, el Japón ha tenido una gran dificultad y un costo enorme para obtener la sal a través de los años. Al no tener ninguna tierra que proveyera minas de sal, el importarla ha sido un proceso costoso y muy difícil de manejar. Además, el costo del transporte marítimo y de importación han sido tremendos. Por esto, el Japón ha estado desarrollando sus propios sistemas para obtener sal del agua de mar a un altísimo costo. La sección sobre la sal del Museo de tabaco y de la sal ha sido desarrollada para mostrar la búsqueda de una producción propia, y los medios por los cuales los japoneses han conseguido la sal a través del tiempo.

1–16–8 Jinnan
Shibuya-ku, Tokio
Japón
Teléfono: 81 3 3476 2041
Fax: 81 3 3476 5692
Abierto todo el año.
Horas de visita: martes a domingo, de 10:00 A.M. a 6:00 P.M.
(10.00h–18.00h)

MINA DE SAL DE WIELICZKA

Mina de Sal, Wieliczka, Polonia

http://places4u.com/en/vac4u/poland/wonders.html

Una de las más antiguas, y ciertamente la más fantástica de todas las minas de sal es Wieliczka, localizada tan sólo a unas veinte millas de Cracovia. Motivados por las fantásticas esculturas talladas en sal que se encuentran allí en el año 1978, la mina fue incluida en la lista UNESCO de acontecimientos sobresalientes, culturales y de patrimonio histórico de la humanidad, y está anotada como una de las doce mayores atracciones mundiales. A través del tiempo ha sido visitada por miles de personas, incluyendo personajes como Copérnico, Goethe, Baden-Powell y el Papa Juan Pablo II.

14 Km. al sureste de Cracovia, cerca de la Ruta 4 (E22), Polonia

Teléfono: 48–12–78–26–53

Fax: 48–12–78–62–32

Abierta todo el año.

Horas de visita: del 16 de abril al 15 de octubre, de 8:00 A.M. a 6:00 P.M. (8.00h–18.00h), y del 16 de octubre al 15 de abril, de 8:00 A.M. a 4:00 P.M. (8.00h–16.00h)

MINA DE SAL SALZBURG–BAD DURRNBERG

Mina de Salzburg–Bad Durrnberg

http://www.austria.eu.net/image/salz/mines.html

Esta mina de sal es uno de los centros alpinos más antiguos de producción de sal en el mundo. A lo largo de la historia, la mina le trajo muchas riquezas a esta área y por esto se refieren a la sal como "el oro blanco" por la abundancia que proveía. Las visitas a la mina incluyen un recorrido en tranvía por los túneles profundos, y un paseo en bote por un lago subterráneo de agua salada. Cerca de allí, ha sido construido un pueblo celta que detalla la valiosa historia de los alrededores.

Teléfono: 43 6245 83511 15

Horas de visita: Del primero de abril al 31 de octubre, de 9:00 A.M. a 5:00 P.M. (9.00h–17.00h)

Del primero de noviembre al 6 de enero, de 11:00 A.M. a 3:00 P.M. (11.00h–15.00h)

Del 2 de febrero al 31 de marzo, de 11:00 A.M. a 3:00 P.M. (11.00h–15.00h)

Cerrado del 7 de enero al 1 de febrero.

MINA BAD ISCHL

Mina de Sal Bad Ischl

http://www.austria.eu.net/image/salz/mines.html

La mina de sal de Bad Ischl está situada bien adentro de una espectacular montaña alpina y junto a un fantástico sanatorio. Las visitas incluyen un descenso profundo dentro de la montaña por los rieles de los vagones de la mina hasta un misterioso lago de agua salada, situado en las profundidades cavernosas.

Teléfono: 43 6132 23948 31

Horas de visita: Del primero de mayo al 30 de junio, de 9:00 A.M. a 3:45 P.M. (9.00h–15.45h)

Del primero de julio a 31 de agosto, de 10:00 A.M. a 4:45 P.M. (10.00h–16.45h)

Del primero de septiembre al 21 de septiembre, de 9:00 A.M. a 3:45 P.M. (9.00h–15.45h)

Cerrado del 22 de septiembre al 30 de abril.

MINA DE SAL DE HALLSTATT

Mina de Sal de Hallstatt

http://www.austria.eu.net/image/salz/mines,html

La mina Hallstatt, una de las más viejas del mundo, crea de nuevo su historia antigua para los visitantes. Desde las antiguas vigas de madera de pino, conservados en los túneles de las minas 1.000 años a. C., hasta el emplazamiento del "Hombre de Sal" que se encontró hace más de trescientos años, los visitantes ven el pasado vuelto a la vida. Las visitas incluyen paseos en tren por las vías de la mina hasta el interior de la montaña, llegando hasta el lago subterráneo de agua salada.

Teléfono: 43 6134 8251 72

Visitas: Del primero de abril hasta el 26 de octubre, de 9:30 A.M. a 3:00 P.M. (9.30h–15.00h)

25 de mayo al 15 de septiembre, de 9:30 A.M. a 4:30 P.M.

16 de septiembre al 26 de octubre, de 9:30 A.M. a 3:00 P.M.

Cerrado del 27 de octubre al 31 de marzo.

MINA DE SAL DE ALTAUSSEE

Mina de Sal Altaussee

http://www.austria.eu.net/image/salt/mines.html

La mina de sal Altaussee, conocida por algunos como "La cueva del tesoro de Europa", fue el sitio donde se escondieron muchos tesoros culturales europeos durante la Segunda Guerra Mundial. Desde su famosa capilla, dedicada a Santa Bárbara, hasta el sorprendente lago subterráneo de agua salada, la mina de sal Altaussee es una de las más hermosas de Austria y su visita nos ofrece un paseo fascinante a través de la historia.

Teléfono: 43 3622 71332

Abierta todo el año.

Visitas diarias desde 10:00 A.M. hasta 4:00 P.M. (10.00h - 16.00h)

LLANURAS DE SAL DE BONNEVILLE

as llanuras de sal de Bonneville son una visión del otro mundo, formadas por una extensión de tierra que se desliza a través del estado de Utah (EE.UU.) por muchas millas, nacieron durante el período del pleistoceno, cuando un lago enorme, del tamaño del Lago Michigan, se evaporó.

El primer hombre de descendencia europea que cruzó estas llanuras fue Jedediah Smith en el año 1827. Seis años más tarde, las llanuras fueron exploradas y cartografiadas por Joseph Reddeford, quien trabajaba bajo el mando del capitán Benjamín Bonneville, de quien tomaron el nombre.

En el año 1845, John Frémont y su expedición cruzaron las llanuras de sal en un intento por encontrar una ruta más corta hacia la costa del Pacífico. Esta ruta fue conocida después como el "Atajo de Frémont". Esta ruta sería en 1846, un factor importante en la tragedia del grupo de las familias Donner y Reed. Tratando de aligerar su viaje, el grupo de los Donner y los Reed se decidió cruzar las llanuras de sal, pero sufrieron una gran demora cuando sus carretas se quedaron atascadas en el barro que había apenas por debajo de la costra de sal. Por culpa de la demora, cuando llegaron al paso que cruza la Sierra Nevada, lo encontraron bloqueado por la nieve. Forzados a acampar en la nieve, pronto se encontraron enfrentados a la amenaza de la inanición. Diecisiete de ellos trataron de cruzar el paso caminando sobre raquetas de nieve, pero sólo 7 sobrevivieron para traer partidas de rescate. Cuando las partidas llegaron, sólo 40 de los 87 del grupo original todavía vivían. Para algunos de los cuarenta sobrevivientes, la muerte por inanición fue evitada, porque recurrieron al canibalismo. Después de la tragedia de este grupo, el atajo casi no se volvió a usar por los inmigrantes en camino al oeste.

No fue sino hasta 50 años después que el atajo se convirtió en una pista de carreras. William Randolph Hearst contrató para una campaña de publicidad a William Rishel de Cheyene, Wyoming, para intentar el cruce en bicicleta, lo que le llevó al ciclista veintidós horas. Desde ese tiempo, cientos de marcas de velocidad en tierra han sido logradas y rotas, corriendo en motocicletas y en autos de carreras.

En el año 1949, los corredores más intrépidos de los Estados Unidos comenzaron la tradición de reuniones anuales que continúan hasta hoy. El Abierto de Bonneville se corre cada año durante el mes de julio, y la Velocidad Mundial se lleva a cabo cada septiembre. Cientos de visitantes, corredores, y productores de cine hacen de las llanuras de sal de Bonneville un destino conocido mundialmente.

Las Llanuras de Sal de Bonneville están situadas al norte de la autopista interestatal número 80, cerca de Wendover, Utah. Para pedir más información:

OFICINA DE ADMINISTRACIÓN DE TIERRAS
OFICINA DE CAMPO DE SALT LAKE
2370 South 2300 West
Salt Lake City, UT 84119, EE.UU.
Teléfono: (801) 977–4300

BIBLI⦿GRAFÍA

6001 Food Facts and Chef's Secrets. Myles H. Bader. Las Vegas: Northstar Publishing Company, 1995.

60-Minute Gourmet. Pierre Franey. Nueva York: Fawcett Columbine, 1979.

99 Ways to a Simple Lifestyle. Center for Science in the Public Interest. Nueva York: Anchor Press, 1977.

A Dictionary of Superstitions. Iona Opie and Moira Tatem. Nueva York: Oxford University Press, 1989.

Baking Soda Bonanza. Peter Ciullo. Nueva York: Harper-Collins, 1995.

Baking Soda: Over 500 Fabulous, Fun and Frugal Uses You've Probably Never Thought Of. Vicky Lansky. Deephaven, Minnesota: The Book Peddlers, 1995.

Better Homes and Gardens New Cook Book. eds. Jennifer Darling, Linda Henry, Rosemary C. Hutchinson, and Mary Major. Des Moines, Iowa: Meredith Corporation, 1989.

Bug Busters: Getting Rid of Household Pests Without Dangerous Chemicals. Bernice Lifton. Nueva York: McGraw Hill, 1985.

Can You Trust a Tomato in January? Vince Staten. Nueva York: Simon & Schuster, 1993.

Chicken Soup and Other Folk Remedies. Joan Wilen and Lydia Wilen. Nueva York: Fawcett Columbine, 1984.

Clean and Green: The Complete Guide to Nontoxic and Environmentally Safe Housekeeping. Annie Berthold-Bond. Woodstock, NY: Ceres Press, 1990.

Company's Coming. Jean Pare. Alberta, CA: Company's Coming Ltd., 1983.

Crystals from the Sea: A Look at Salt. A. Harris Stone and Dale Ingmanson. Nueva Jersey: Prentice Hall, 1969.

Crystals of Life: The Story of Salt. Robert Kraske. Nueva York: Doubleday, 1968.

Don Aslett's Stainbuster's Bible: The Complete Guide to Spot Removal. Don Aslett. Nueva York: Plume, 1990.

Eater's Choice: A Food Lover's Guide to Lower Cholesterol. Ron Goor and Nancy Goor. Boston: Houghton Mifflin Company, 1992.

Extraordinary Origins of Everyday Things. Charles Panati. Nueva York: Harper & Row, 1987.

Fashionable Food: Seven Decades of Food Fads. Sylvia Lovegren. Nueva York: Macmillan, 1995.

Food in History. Reay Tannahill. Nueva York: Crown Publishers, 1989.

Food. Waverly Root. Nueva York: Simon & Schuster, 1980.

Guide to Natural Medicine. Reader's Digest Association. Nueva York: Reader's Digest, 1993.

Home Remedies: What Works. Gale Maleskey and Brian Kaufman. Emmaus, Pennsilvania: Rodale Press, 1995.

Home Safe Home. Debra Lynn Dadd. Nueva York: Jeremy Tarcher, 1997.

Household Hints and Handy Tips. Reader's Digest. Pleasantville, Nueva York: Reader's Digest Association, 1988.

If I'd Only Listened to My Mom, I'd Know How to Do This: Hundreds of Household Remedies. Jean B. MacLeod. Nueva York: St. Martin's Griffin, 1997.

Jane Brody's Good Seafood Book. Jane Brody. Nueva York: Fawcett Columbine, 1994.

Keep the Buttered Side Up: Food Superstitions from Around the World. Kathlyn Gay. Nueva York: Walker & Company, 1995.

Mary Ellen's Complete Home Reference Book. Mary Ellen Pinkham. Nueva York: Crown Trade Paperbacks, 1993.

Mythology. Edith Hamilton. Boston: Little Brown, 1942.

Never Eat More than You Can Lift and Other Food Quotes and Quips. Sharon Tyler Herbst. Nueva York: Broadway Books, 1997.

Poisons and Antidotes. Carol Turkington. Nueva York: Facts on File, l994.

Polly's Pointers: 1081 Helpful Hints for Making Everything Last Longer. Polly Fisher. Nueva York: Rawson Wade Publishers, 1981.

Practical Problem Solver. Reader's Digest Association. Nueva York: Reader's Digest, 1992.

Salt: The Essence of Life. Gordon Young. Washington, D.C.: National Geographic Magazine, September 1997.

Savannah Seasons: Food and Stories from Elizabeth on 37th. Elizabeth Terry. Nueva York: Doubleday, 1996.

Stories Behind Everyday Things. Reader's Digest Association. Nueva York: Reader's Digest, 1993.

Citrus Cookbook, The. Josephine Bacon. Boston: Harvard Common Press, 1983.

Complete Book of Superstition, Prophecy and Luck, The. Leonard R. N. Ashley. Nueva York: Barricade Books, 1984.

Complete Home Health Advisor, The. Rita Elkins. Pleasant Grove, Utah: Woodland Health Books, 1994.

Deaf Smith Country Cookbook, The. Marjorie Winn Ford, Susan Hillyard and Mary Faulk Koock. Nueva York: Collier Books, 1973.

Doctor's Book of Home Remedies II, The. Sid Kirchheimer. Emmaus, Pennsilvania: Rodale Press, 1993.

Family Guide to Natural Medicine, The. Reader's Digest Association. Nueva York: Reader's Digest, 1993.

Fastest, Cheapest, Best Way to Clean Everything, The. Editors of Consumer Guide. Nueva York: Simon & Schuster, 1980.

First Book of Salt, The. Olive Burt. Nueva York: Franklin Watts, 1965.

Illustrated Book of Signs and Symbols, The. Miranda Bruce-Mitford. Nueva York: Dorling Kindersley, 1996.

New Basics Cookbook, The. Julee Rosso and Sheila Lukins. Nueva York: Workman Publishing, 1989.

Pantropheon or A History of Food and Its Preparation in Ancient Times, The. Alexis Soyer. Nueva York: Paddington Press, 1977.

Scented House, The. Penny Black. Nueva York: Simon and Schuster, 1990.

Science of Salt, The. Fobert Forman. Nueva York: David McKay, 1967.

Silver Palate Cookbook, The. Julee Rosso And Sheila Lukins. Nueva York: Workman Publishing, 1982.

Story of Superstition, The. Philip Waterman. Nueva York: Alfred Knopf, 1929.

TABLA
DE CONVERSIÓN
DE MEDIDAS
MÉTRICAS
Y CENTÍGRADOS

CONVERSIÓN DE MEDIDAS PARA LÍQUIDOS

SISTEMA IMPERIAL DE MEDIDAS

SISTEMA MÉTRICO DECIMAL

1 onza líquida — *29,57 mililitros/2,96 centilitros/0,03 litros*

1 pinta (16 onzas líquidas) — *473,18 mililitros/47,32 centilitros/0,47 litros*

1 cuarto de galón — *904,64 mililitros/90,46 centilitros/0,95 litros*
(2 pintas; 32 onzas líquidas)

1 galón — *3.785,40 mililitros/378,54 centilitros/3,79 litros*
(4 cuartos de galón; 128 onzas líquidas)

SISTEMA MÉTRICO DECIMAL

SISTEMA IMPERIAL DE MEDIDAS

1 mililitro — *0,04 onzas líquidas*

1 centilitro — *0,34 onzas líquidas*

1 decilitro — *3,38 onzas líquidas*

1 litro — *33,81 onzas líquidas/1,06 de cuarto de galón/0,26 de galón*

CONVERSIÓN DE MEDIDAS PARA SÓLIDOS

SISTEMA IMPERIAL DE MEDIDAS	SISTEMA MÉTRICO DECIMAL
1 onza	28,35 gramos
1 libra (16 onzas)	453,59 gramos

SISTEMA MÉTRICO DECIMAL	SISTEMA IMPERIAL DE MEDIDAS
1 gramo	0,04 onzas
1 kilogramo	2,20 libras (35,27 onzas)

CONVERSIÓN DE MEDIDAS PARA DISTANCIAS Y LONGITUD

SISTEMA IMPERIAL DE MEDIDAS	SISTEMA MÉTRICO DECIMAL
1 pulgada	25,4 milímetros/2,54 centímetros/0,03 metros
1 pie	304,8 milímetros/30,48 centímetros/ 0,30 metros
1 yarda	91,44 centímetros/ 0,91 metros
1 milla	1609,34 metros/1,61 kilómetros

SISTEMA MÉTRICO DECIMAL	SISTEMA IMPERIAL DE MEDIDAS
1 milímetro	0,04 pulgadas/0,003 pies/0,001 yardas
1 cetímetros	0,39 pulgadas/0,03 pies/0,01 yardas
1 metro	39,37 pulgadas/3,28 pies/1,09 yardas
1 kilómetro	3.280,80 pies/1.093,60 yardas/0,62 millas

CONVERSIÓN DE TEMPERATURAS

FAHRENHEIT	CENTÍGRADO	CENTÍGRADO	FAHRENHEIT
0	-17	-20	-4
5	-15	-15	5
10	-12	-10	14
15	-9	-5	23
20	-6	0	32
25	-3	5	41
30	-1	10	50
35	1	15	59
40	4	20	6
45	7	25	77
50	10	30	86
55	12	35	95
60	15	40	104
65	18	45	113
70	21	50	122
75	23	55	131
80	26	60	140
85	29	65	149
90	32	70	158
95	35	75	167
100	37	80	176
105	40	85	185
110	43	90	194
115	46	95	203
120	48	100	212
125	51	105	221
150	65	110	230
175	79	115	239
200	93	120	248
225	107	125	257
250	121	150	302
275	135	175	347
300	148	200	392
325	162	225	437
350	176	250	482
375	190	275	527
400	204	300	572
425	218	500	932
450	232		
475	246		
500	260		

ÍNDICE

I

J

K

L

M

Q

R

S